AV男優の流儀

鈴木おさむ
Osamu Suzuki

まえがき

みなさんは、ＡＶ好きですか？　嫌いな人はいないですよね。ＡＶってすごい。学校の先生でも政治家でも、日本の成人男子（おじいちゃん以外は）なら観たことない人って、ほぼいないはず。好きか嫌いか？　と尋ねたら、ほぼ好きと答えますよね。

では、もしあなたが、「明日からＡＶ男優になれる」と言われたらやりますか？　覆面とかではなく、ガッツリ顔は出ます。ただし、超人気ＡＶ女優との絡みです。汁男優ではありません。さあ、あなたはやりますか？　やらないと考えたあなた。なぜ、やらないのですか？　バレるのが嫌だから？　バレたらどうなりますか？　周りにどう思われると思いますか？

ＡＶ男優という仕事をやるのが、恥ずかしいんですよね？

いいんです。それは当たり前の感覚だと思います。

だけど、この本に出てくるのは、ＡＶ男優さんと、そしてハメ撮りもするＡＶ監督さんと、〝問題作〟と言われる作品を撮り続けてきた伝説的な監督さんです。みな、ＡＶ界では超有名人です。

AV女優のインタビューは雑誌などでも良く見ますよね? どこまで本音で語っているかはさておき、AV女優さんは自分の声を発信する場所があったりします。だけど、男優さんはどうでしょう?

AVを見るということは、その数だけAV女優さんもいて、ということは男優さんもいるはずなのです。なのに、男優さんが自分の声を発信する場所って、あまりになさすぎませんか? たぶん、飲み屋さんで会ったら、女優さんよりも男優さんに聞きたいことが多いはずなんですよ。男性だったら、誰だってAV男優さんと会って聞いてみたいことがあるはずなんです。

僕がこの本を作ることになったきっかけ。それは2014年夏、今田耕司さん主演でAV男優の物語の舞台を作ろうと思ったところから始まります。2013年に、とある雑誌で「AV男優の加藤鷹さんが引退する」というインタビュー記事を読みまして。その時に、引退を考えているAV男優の物語を今田さんでやったら面白いなと思ったのです。

で、どうせ作るなら、AV男優さんの生の声をもっと聞き、リサーチしたいと思い、どうせなら、雑誌連載と連動したほうが面白い——そう思って、週刊SPA!さんにお願いして、短期集中の対談連載を開始しました。

連載での対談は４人。

この人のナンパもので育ちました、島袋浩さん。僕が見るＡＶにやたらと出てくる森林原人さん。そして元芸能人のデビュー相手として出てくることの多いしみけんさん。そしてそして、昔から大好きだったカンパニー松尾さん。この４名に二つ返事でＯＫしてもらい、取材をさせてもらいました。

最初は対談用の取材だったのですが、最初の島袋さんから話が面白すぎて、想像を超えました。そして森林さん、しみけんさん、カンパニー松尾さん。全員の話が濃密すぎて、とてもＳＰＡ！の連載ページに入る分量ではなく、しかも週刊誌ということを気づかってカットしなければいけない話も多く、すぐさま、「これを新書として発売したい」と思ったのです。「世の中の男性に、僕が聞いた話のすべてをおすそわけしてあげたい！」と思ったのです。

ＡＶの世界の話だから、興味が惹かれるというだけではありません。男としての、人としての生きざまを、みなさんにも感じてほしいと思ったのです。最高にくだらなく、最高に格好いいビジネス書になるのではないか――と思ったのです。

まえがき

今回、本にするにあたり、伝説の監督、安達かおるさんにも取材させていただきました。AV男優、そして監督さんは、ある意味、セックスというものを売る人達です。セックスというものをお金に変えている人達です。

では、そのような人達がどのような経緯でAVの世界に入り、どんな修羅場をくぐり抜け、どういう気持ちで日々仕事に向き合い、生きているのか？

感じてください。

この本を手に取ったみなさん。

まず聞きます。

みなさんは、今の自分の仕事が好きですか？

もう一度生まれ変わったら今の仕事に就きたいですか？

放送作家　鈴木おさむ

Chapter 2 しみけんVS鈴木おさむ

Chapter 3

Chapter 4 カンパニー松尾 VS 鈴木おさむ …… 137

Chapter 5 ― 安達かおる VS 鈴木おさむ

Chapter

1 VS 森林原人

もりばやしげんじん

PROFILE

1979年生まれ。〝東大予備校〟と呼ばれる名門校、筑波大附属駒場中学・高校卒ながら、進学した専修大学を中退しAVの世界に飛び込んだ異端児。20歳で汁男優から始め、今や1日2本の撮影をこなす業界トップの売れっ子男優に。世にも珍しいAV向きのチンコを持ち、「撮影現場でもプライベートでのセックスと同じぐらい没頭できること」が最大の武器。ファッションに造詣が深い〝オシャレ男優〟でもある。経験人数は7200人。

◉おばあちゃん相手に勃起&射精を決めるテクニック

鈴木　僕が観るAVに出てくる率がメチャクチャ高いのが森林さんなんです。

森林原人（以下、森林）　ニューハーフものをよく観られているんですか？

鈴木　ニューハーフじゃない、普通のですよ！　僕、ニューハーフのなんて観たことないですよ（笑）。

森林　え、観ないんですか？

鈴木　観ないです（笑）。森林さんって顔の印象がすごく強くて、覚えちゃうんですよ。今、年間どれぐらい出てます？

森林　500本くらいですかね。たぶん男優の中でもトップのほうだと言われます。

鈴木　えぇー！　月に40本ですか！　なんでそんなに仕事があるんですか？

森林　自己分析をすると、使い勝手のいいチンポ。

鈴木　使い勝手？

森林　（目を見開いて）大きさ、柔らかさ、勃ち、発射です。デカチン需要って結構あるんですよ。

鈴木　そういえばデカチンものってよく見ます。

森林　単体の女のコがデビュー作を撮った後、イカセものとか一通り撮るんですけど、中出しとかアナルと違ってデカチンものって、どんな女のコでもできるジャンルなんです。でも、そのデカチン男優は、業界に10人いるかいないか。

鈴木　他にはどなたが？

森林　戸川夏也さん。チンコびったーんで有名な。あとはとにかく太いウルフ田中とか。デカチンでも、長い、太いとかいろいろ種類があるんですけど。

鈴木　森林さんのタイプは？

森林　僕は長さ。それに男優界イチの仮性包茎で、皮がとにかく余ってて先っぽが柔らかいんですよ。だから長くても膣に優しいんです。いわゆるｅｃｏチンです。

鈴木　膣に優しいというのは、女優さんにとってやはり……。

森林　重要です。痛くなったら終わりなんです。

鈴木　あぁ、やっぱり撮影してると痛くなるんですね。

森林　今は1日で最低でも2絡み、多いときは3絡みもしますからね。

鈴木　そのｅｃｏチンに森林さんが気づいたのは、いつ頃ですか？

森林　もちろん業界に入ってからです。悪意はなかったのでしょうが、ある女優さんが、「森林さんのは大きいけど、柔らかいから大丈夫なんです」って。僕とほとんど見た目が同じ大きさのイタリアンっていうのがいるんです。そのイタリアンは大き過ぎるからとNGになるのに、僕はOKというケースが結構あるんです。

鈴木　硬さが違うと。

森林　それでイタリアンが怒っちゃって。「なんで森林はOKで、俺はダメなんだよ！」って。で、「実際に確かめようじゃないか」ってふたりでチンコを触りあったことがありました。すると、イタリアンのチンコを触った瞬間！　違いが如実にわかるぐらい、硬いんですよ。もう鉄棒のような。男としては硬い方が嬉しいですけど、この仕事の使い勝手としては僕の方がいいんですね。

鈴木　森林さんはAV向けのチンコを持っていたわけですね。

森林　それだけじゃなくて、僕は発射も自由自在で、なにより〝勃ち待ち〟がほとんどないというのも制作陣からは重宝がられます。この時だって（DVDを指して）。

鈴木　**『六十路隔世近親相姦――祖母と孫』**[※1]……男優さんって、仕事断れないんですか？

森林　いつも呼んでもらってるのに、相手を聞いて、「それは受けられません」っていうのも卑怯な気がして。

鈴木 かっこいい！

森林 おばあちゃん相手でも勃ちますけど、発射はしづらいですね。勃起のスイッチと発射のスイッチは別物なんです。そういう時は妄想で乗り越えます。僕は初代CCガールズさんでよく抜いてたので、頭の中でCCガールズのエロいグラビアを妄想するんですよ。それでも通用しなければ、ちゃんとおばあちゃんの目を見て妄想します。「このおばあちゃんが集会所に行ったらすごい人気者でマドンナ扱いされてて、おじいちゃんたちが取り合ってるんじゃないか」って。そう思えば、このおばあちゃんとヤレてありがたいなと。

鈴木 すごい妄想力（笑）。そういう女性でも感じてくれたら嬉しいものなんですか？

森林 もちろん嬉しいです。そもそも僕は相手が感じてないと

※1 『六十路隔世近親相姦——祖母と孫』

久々に帰郷した孫に亡き夫の面影を見た祖母が、孫の寝込みを襲う。〝隔世近親相姦〟と呼ばれるシリーズで、祖母を演じる村岡みつ子は65歳の超熟AV女優。孫を演じる森林氏は作品中でガッツリ中出ししている

ダメなんです。逆にどれだけかわいくてもマグロはダメです。痛がったり、目を見なかったり、キスしなかったりはありえません。そういう意味で僕、ニューハーフは大好きなんですよ。

鈴木 どういう意味、ですか？

森林 感じてるか、感じてないかが分かりやすいじゃないですか。

鈴木 あ、チンコが勃つから？

森林 そうです。女の人のイクはちょっと疑いの余地が残りますよね。男の人のイクは本当にイッてるのが目で見てわかりますもん。

◉吉沢明歩は本当にエロい！

鈴木 ちゃんと感じてる女性がいいということですが、現在お仕事をしているAV女優の中で、「彼女は感じてる！

※2 風間ゆみさん

今年デビュー18年目を迎える35歳のカリスマAV女優。ベスト盤などの編集作品を含めると出演作は1200本を超す。この作品は2014年7月に発売されたばかりのもので、森林氏とも濃厚な絡みを演じている

エロい！」って思う人っています？

森林　長く続けてる女優さんは、ほとんどエロいですね。**風間ゆみさん**※2、**吉沢明歩さん**※3。

鈴木　どの部分がエロいですか？

森林　もうね、エロスイッチ入れて来てるな、ってわかるんです。特に吉沢さんはすごい。彼女はユーザーが抜きやすいようにキャスティングまで考えているらしいんです。観てる人が飽きないように、直近で絡んだ男優は外すとか。痴漢モノで嫌がらなきゃいけない時は、自分が本当にNGにしている苦手な男優を敢えて選んだり。それでいて本気で感じてる。10年以上AV女優を続けている人というのは、確実にセックスが好きですね。嫌いだったら絶対にできませんよ。

鈴木　毎回の撮影でちゃんと感じてると。

森林　毎回かどうかはわかりませんけど、本気だなという瞬間

※3 吉沢明歩さん

03年にグラビアアイドルからAV女優に転身。アイドル顔負けのルックスなのに、過激な作品にも積極的に出演。あの今田耕司もファンを公言している。この作品で「スカパーアダルト放送大賞2013」の作品賞を受賞した

が確実にありますね。風間ゆみさんは本気で感じると首の付け根あたりが赤くなるんです。赤くできたかどうかがその日の自分の評価ですね。今日は赤くできたな！とか。

鈴木　ここ最近の森林さんのベストプレイというのはありますか？　だいたい95点は出してるでしょうけど、120点の日というのは？

森林　セックスが気持ちいいと、涙が溢れるんですよ。

鈴木　森林さんがですか？　女優さんが？

森林　女優さんが。セックスを理性でする人と、本能や感情でする人。後者でセックスする人のときはだいたい100点が出るんですよ。そして、たまに泣いてくれるんです。

鈴木　誰ですか？　感情でする人って？

森林　それは、そのシチュエーションによるんですよ。体調もあったりしますし。同じ人とセックスし続けると今日はいいとか、今日はしっくりこなかったなとか絶対あると思うんですよ。ご夫婦でもいいときと悪いときありませんか？

鈴木　そりゃあありますよ。

森林　男優と女優も、10年ぐらいの付き合いになると波が出てきます。「あ、この人今、

ＡＶに飽きてるんじゃないか」とか思う瞬間もありますし。僕自身も、「この人とするのは飽きてきちゃったな」とか。改めて「この人はいいな」とか。そのバロメーターがあって、お互いの波長がうまく合う瞬間にだけ感情が溢れて、幸せな一体感が生まれるんですよ。

鈴木　その時に女優さんは泣かれるわけですね？

森林　カメラで撮られてるってわかってるんですけど、こう涙がね。ふたりの仕事を超えた一体感が生まれるんです。入れてピストンしなかったとしても、手を繋いでいるだけや目を見てるだけでもその一体感が生まれるんです。

鈴木　すごい……そういう作品って、結果エロいですか？

森林　いや編集があるんで、どうでしょうか……。自分たちは「いいセックスした」という思いはあっても、観ている人も同じくそう感じるわけではないんで。

◉日本一の名門高校からＡＶ男優に

鈴木　森林さんって本当にＡＶが好きなんですね。

森林　はい。ＡＶ以上に好きなものってなかったので。「一番好きなことを自分の職業にしちゃいけない」とよく言われますが。仕事にしたら幸せでした。

鈴木　そもそもなぜこの世界に？

森林　一言で表現するなら、「モザイクの向こう側に行きたかったから」なんですけど、詳しく言うと話は中学の頃まで遡ります。僕、日本一の難関中学って言われる筑波大附属駒場中学校の卒業生なんです。

鈴木　えぇー！　東大予備校と言われるあの筑駒に！

森林　でもオナニー覚えちゃって。高校もそのまま筑駒に進学できたんですが、毎日オナニーばかりしてて。

鈴木　大学は？

森林　専修大学です。しかも一浪です（堂々と）。

鈴木　えぇー！　早稲田、慶応ですら落ちこぼれと言われる高校なのに！

森林　実際、大学に入学はしたものの受験に失敗したようなもので。「こうなったら大学生活をエンジョイしてやる！」って気持ちで、社交ダンス部に入ったんです。

鈴木　当時はテレビ番組でもやってましたし、流行ってましたからね。

森林　でも、誰も僕と組んで練習してくれないんですよ。社交ダンス部なんて男子よりも女子が多いから、あぶれることはないはずなのに。いつも一人で鏡の前でシャドウダンスしてて。そんな僕を見た女性の先輩が「彼も仲間に入れてあげなよ！」って女子たちを怒って。よけい惨めに感じて。

鈴木　怒られて組んでもらってもね……。

森林　大学生活もまったく楽しくなくて。「ここに僕の居場所はない」と思ってた時に読んだSPA！に、汁男優の仕事を紹介する企画があって。オナニーしまくってた時でしたから、めちゃくちゃ興味を惹かれたんです。それで、「よし、ここで人生を踏み外してやろう」って。

鈴木　SPA！きっかけだったんですね。

森林　で、さっそくAVメーカーに電話して汁男優として現場に参加し、一回目の現場で勃起して発射できたんです。20歳の頃ですね。

鈴木　初めてちゃんとした女優さんを相手にしたのは？

森林　仕事を始めて半年ぐらい経った頃、熟女の**西澤マリさん**[※4]の現場です。僕はその頃、AVに関する仕事なら何でもしたいって思ってて。その現場にはAD兼汁男優として参加してたんですけど、絡みの男優さんが勃たなくて。「ちょっと君やってみる？」とお鉢が回ってきて。そこで正常位、騎乗位、バックの基本3体位、そして顔射までのゴールデンコースを決められたんですよ。

鈴木　ゴムをパッと外して顔射できたんですか？

森林　できたんです。顔射された西澤さんが「あなたのチンチン、（加藤）鷹さんのチンチンに似てるわ」って言ってくれて。それで「イケるぞ！」って。

◉「どんな宗教に入ったんだ」大学2年の時に親バレ

鈴木　でも当時は大学生ですよね？　親にはいつ言いました？

森林　ＡＶの仕事を始めてから2年が経った頃に、大学から「履修届けが出てない」っていう連絡が母親に入っちゃって。当時、僕は実家からの通学だったのですが、母親から「あんた大学に行くっていって、どこに行ってる

※4 西澤マリさん

2000年前後に活躍した熟女ＡＶ女優で、森林氏にとっては初めてメインで相手にした女優になる。彼女の一言がなければ、今の森林氏はいないかもしれない

の？　今日は何時まででも待ってるから、話をしましょう。待ってるから」って留守電に入ってたんです。ちなみにそれ、母の日だったんですけど。

鈴木　親不孝な（笑）。

森林　その日もまさにAVの現場にいて。その時、島袋浩さんとの共演で、島袋さんに相談したんですよ。そしたら「親がAVと聞いて心配することは決まってる。性病、ヤクザ、クスリ、借金だ。これが全部クリーンだって言ってやれ！」って。その上で、「お前が裸で稼いだ金で焼き肉でもたらふく食わせてやれ。親孝行できるぐらい稼いでるって言えば、親は何にも言わない」って。

鈴木　それで納得するもんなんでしょうか？

森林　いざ両親と対面して、どう説明しようか悩んでいると、向こうから「どんな宗教団体に入ったんだ？」って。AVやってるなんて頭の中にはなかったんでしょうね。「AV男優をやってるんだ」って正直に告白したら、しばらくの沈黙の後、父親が「そんなことをさせるために今まで育ててきたんじゃない」って。

鈴木　そう言うでしょうね（笑）。

森林　親にはおっぱいが見たいからとか、モザイクの向こう側に行きたいとか言えないので、島袋さんのアドバイスは置いといて、「やりがいがあるんだ！」みたいな話をして。

◉オナニー好きがこうじて服飾の専門学校へ

鈴木　それで認めてはもらったんですか？

森林　いえ、いまだに。ただちょっと前に、結婚を考えた彼女ができて親にも相談した時、少しは認めてくれたのかなって思うことがあって。

鈴木　森林さんは未婚ですよね？

森林　はい。実は僕、29歳の時に「AV以外のこともしておこう」と思って、服飾の専門学校に通い始めたんです。

鈴木　えっ⁉　なんでまた服飾に？

森林　僕が一番最初にオナニーしたのが小5ぐらいで、オカズは通信販売の『セシール』のカタログだったんです。下着のページで外人モデルの乳首がうっすら見えてるのに、ものすごく興奮して。そこから「他にもないのか！」といろいろと女性誌を読むようになって、**シュプール**[※5]っていうモード系のファッション誌を本屋さんで発見した時、「これだ！」って。

鈴木　かなりオシャレな雑誌ですよ。

森林　コレクション特集がオカズでした。パリコレ特集で、ナオミキャンベルとかの外人モデルの乳首が透けてて興奮しちゃって。

鈴木　それでシコッてたんですか？

森林　かなりシコってました。

鈴木　最低だ！（爆笑）。

森林　シュプールを毎号買って抜きどころを探しながら読んでいたら、ファッションの知識も頭に入ってきて、興味を持つようになったんです。「ＡＶじゃなければ、次の仕事はファッションかな」って。それで専門学校に。

鈴木　実際、森林さんってオシャレですもんね。そこで知り合ったんですか、彼女とは。

森林　はい。最初、彼女には「ＮＴＴの電報受付のバイトして

※5
シュプール

集英社発行のモード系女性ファッション誌。89年創刊という歴史ある雑誌で、各シーズンのコレクションショーやデザイナーズブランドの最新トレンドに詳しい。服飾系の男女に人気

る」って嘘ついてたんです。これが学生時代に唯一したバイトだったので。で、結婚という話が出てきた時に腹をくくって「実は電報は嘘で、本当はＡＶ男優なんだ」って言ったら、「クラスのみんな知ってるよ」って。

鈴木　ハハハ！　バレてた！

森林　僕はずっとバレてないと思ってたんですよ。彼女の親は絶対にこの仕事を認めてくれないから「私と結婚したいならＡＶ男優を辞めてくれ」って。

鈴木　辞めませんよね？

森林　もちろん。この話を自分の親に言ったら、「あんた10年も続けたんだからプライドを持ちなさい」って。これって、ある意味認めてくれてるのかなって。

鈴木　結局、その彼女とは別れて？

森林　はい。男優を続けられるうちは男優を続けていきたいなって。やっぱり、やりがいがあるんですよ。もちろん気持ちいいし。

鈴木　気持ちいいですか、やっぱり？

森林　（目を閉じて）んもぉ〜気持ちいいです！　だってセックスしてるんですもん。特にエロい相手としてる時は最高です。

鈴木　エロい相手としたいですか？

森林　エロい人が好きですね。

鈴木　エロくなれる女性と、そうじゃない女性の違いって何なんでしょうか？

森林　まず前提として、マンコは気持ちよくなるようにできているはずなんです。気持ちいいとエロくなれますよね。でも、羞恥心やら体液や粘膜が触れ合うことへの嫌悪感などが邪魔をして、結果的にエロくなれなくなるんだと思うんです。そういう意味で、〝人間愛〟というのがキーワードになる。

鈴木　急に話が大きくなりましたが（笑）。

森林　いえいえ、エロくなれるかなれないかは、人間愛が関係しているんですよ。具体的な職業で言いますけど、保母さん、看護師はエロくなれます。何でかというと汚物を扱うこともあるので。血とか汚物を触ったり体を洗ったり、チンコを触ったりするじゃないですか。保母さんは園児のウンコを触ったりしますよね。体から排泄されるものに対して嫌悪感がない人、もしくは慣れている人は、セックスする相手に対しても一歩深く踏み込めるんです。

鈴木　じゃあ介護福祉士なんてエロくてしょうがないってことに？

森林　まさに！　僕の経験上、介護福祉士とAV女優はものすごくリンクします。

鈴木　なるほど、毎日、いろんな汚物の現場にいますものね。

森林　僕も思わないですもん。女の人のオリモノや生理に対しても、汚いなんて全然思わないです。目の前でウンコもらされたとしても、それが好きか嫌いかは別として、しょうがないじゃん人間なんだからって。

◉忘れられないニューハーフ作品

鈴木　そんな森林さんにとって、今までで一番気持ちよかった作品は？

森林　一番というか思い出深いのは**『初姫　海月ルナ』**[※6]ですね。やっぱりニューハーフものです。彼女、普段は路上で歌ってるシンガー・ソングライターさんなんです。一部では少し有名な方のようで。それはそれで気持ちが高まる

※6
『初姫　海月ルナ』

ニューハーフが大好きな森林氏にとっても思い出深い作品。お相手は普段は歌手活動をしている〝女優〟で、ロリータボイスが特徴的。ほとんどがアドリブで撮影現場から笑いと感動が生まれた名作

鈴木　情報ではあるんですけど、ただゴスロリ系なんですよ。それが僕、嫌いで。
森林　シュプールとかモード系の雑誌を読んでたのに？
見ているところが違ったので（笑）。ニューハーフは好きだけど困ったな……と。
作品の中で僕に与えられたのがボイストレーニングの先生役で、僕が彼女のチンチンをしごきながら、「一曲弾いてみろ」みたいな。
鈴木　彼女のチンチンって（笑）。
森林　そしたら彼女が勃起してくるんですよ。「演奏中に何考えてるんだ！　もっと音楽に魂を込めろ！」とか言いながら、今度はフェラしてあげるんですよ。僕もノッてきて、勝手にセルフイラマチオ状態になってて、「うグッ、お前、さっきより硬くなってるんじゃないか！」って。「こんなにカチカチなら、もうお前、チンポで弾けよ！」って。見事にチンポで『かえるのうた』を弾きだすんですよ。
鈴木　ハハハ！　それは台本ですか？
森林　全部アドリブです。その勃起チンコを見てたら僕も勃起してきちゃって。横に並んでカチカチのチンポを出して『カエルの歌』を連弾したんですよ。
鈴木　現場は笑いこらえるのに必死でしょうね。

森林　笑い声、出てましたね（笑）。で、ここからどうセックスに持って行こうか悩み、「俺とコンビを組もう」って言って、セックスが始まったんです。

鈴木　そもそもニューハーフのチンチンをフェラするのに抵抗ないんですか？

森林　全然ないです。逆に聞きますけど、抵抗あります？

鈴木　普通ありますよ！

森林　僕の知る限りではテレビ関係の男性はみんなしゃぶってますよ。

鈴木　しゃぶってないですよ（笑）。そんな話聞いたことないですよ！

森林　おかしいなぁ。

◉65歳オーバーのおばあちゃんに女性を取り戻させた

鈴木　女性相手の作品で思い出深いものはありますか？

森林　そうですね、超熟女との合コンものは僕の代表作の一つですね。

鈴木　おぉ、ぜひその話を。

森林　**超熟女**というのは、ババアなんですけど、60代のおばあちゃんと5 vs 5でヤリコンするんです。65歳以上の人とセックスしたことは、一度ぐらいありますよね？

鈴木　ないです（きっぱりと）。

森林　毛嫌いする人もいるかもしれませんが、熟女を通り過ぎた彼女たちの乳首は逆にピンク色なんですよ。色素が落ちてマンコの毛も薄くなっちゃう。ドジョウの髭みたいなのがちょろちょろってあって。マンコ自体も色素が落ちてて。ぱっと見は、ものすごくキレイなおっぱいとマンコしてるんですよ。

鈴木　まぁ、そうかもしれませんが……。

森林　ただ膣が閉経してるんで、膣口が固くなってる人が多いんです。セカンドバージンじゃないですけど。5人おばあちゃん女優がいて、4人が痛がるんですよ。「痛い痛い痛い痛たたたい！」って叫び声がそこら中からあがって。まったく濡れないし。

鈴木　もう地獄絵図のような（笑）。

森林　でも、一人だけセフレが6人いるっていうおばあちゃんがいて。彼女だけはできるんですよ。セックスをし続けてきた人は、65歳を超えていてもできるんです。濡れるんですよ。

鈴木　その合コンに参加してた男優さんたちは、とりあえずその人に行きますよね？

森林　そうなんです。気付いたら僕が余った65歳のおばあちゃん3人を独り占めする瞬間があったんですよ。「これきついな」と思ったんですけど、考え方によっては貴重な瞬間だなと。

鈴木 始まった！（笑）。

森林 それで何とか全部のおばあちゃんに順番に挿れて、1発ずつ出して。合計3発出しました。その瞬間、男優として一つの壁を超えられた感じがして。記念の作品でしたね。

鈴木 あれだけ「痛い痛い」と悲鳴をあげてたおばあちゃんたちを気持ちよくさせて？

森林 まぁ、僕が発射したかっただけで、向こうが気持ちよかったかどうかはわかりませんが。でも、一人67歳の女優がその場で生理が来ちゃったんですよ。久々のセックスで何かが生まれたんでしょうね。後日、「ありがとうございました」って菓子折りが送られてきましたけど。

鈴木 律儀ですね（笑）。

森林 思い出深い作品、もう一本あります。

鈴木 どうぞ、何本でも！

森林 『ビキニギャルマニアックス』っていう、コギャルが流行ってた頃のＡＶです。

鈴木　素人ものですか？

森林　企画単体女優ものですね。いわゆる単体女優と企画女優の間というか。V&Rさんの作品で。この会社は、昔は「売れる売れない関係なく、好きなものを撮れ」って感じだったんで。監督も好きに予算を与えられていたんです。

鈴木　業界では有名ですよね。

森林　そのV&Rの監督が、あるかわいい企画単体女優に本番をさせたくて企画内容を試行錯誤してたんですね。脱いでフェラぐらいならできるけど本番はしたくないっていう女優で。交渉していくと、サムイ島っていうタイの有名なリゾート地があるんですけど、そこに行けるんなら本番してもいいって言い始めたようで。

鈴木　それは予算かかりますね。

森林　それでもV&Rならお金がでるんですよ。ただ、面白い企画じゃないとダメですよ。サムイ島に行って、日本人の男優とやっても当然面白くない。日本人離れした大陸顔の僕を真っ黒く日焼けさせて、タイ人男優に仕立てあげたんです。

鈴木　バレるでしょ！

森林　いや、それが（笑）。監督が女のコに「用意してた男優さんが調子悪くなっちゃったから、こっちで準備したから」って説明して。で、僕がタイ人としてやってくるんです。その女のコは僕が日本語を話せないと思ってるんで、「嫌です！　タイ人とヤりたくないし！」って。僕は何を言われても日本語がわからない設定なので、通訳の人に適当にタイ語っぽい言葉で話をして、その人が「お前を嫁にしたい。村に連れて帰ってもいいか」って。

鈴木　それガチですか？

森林　もちろん。それで、抵抗している彼女をなだめて何とかセックスをして。彼女も最後は言葉の壁を超えて一体感を感じていたようで。ある種、感動の人間ドキュメンタリーのような作品に仕上がっています。

鈴木　言葉の壁、本当はないですけどね（笑）。それ、途中でバレなかったんですか？

森林　バレなかったですね。やっぱり海外まで行ってそこまで手の込んだことをするとは思わないですから。

鈴木　ネタばらしはしたんですか？

森林　すべての撮影が終わってからしました。その後しばらくして聞いたら、そのコはそれっきりＡＶ出なくなっちゃったみたいですけど。

◉世の中のすべてのセックスを知りたいんです

鈴木　初めての本番がそれだったら、何かと考えることはありそうですね。森林さんのように何でも受ける人もいるでしょうが、中には仕事をえり好みする男優さんもいますか？

森林　います。現場に行っても勃たない可能性があるなら、迷惑がかかるので断るっていう。それも一つのプロ意識からですよ。

鈴木　森林さんは同じプロ意識を持っていても違いますよね？

森林　僕はなるべくすべてに応えたい。そもそも僕はストライクゾーンが広いんで、ニューハーフも好きだし、アナルも好きだし、熟女も好きだし。ニューハーフっていっても普段サラリーマンみたいなおっさんが来て、そこでカツラかぶっただけでも、そのオッサンがエロければ高まるんですよ。その仕事の幅もあって忙しいんですけど、単体はそんなに呼ばれるわけじゃないんですよね。

鈴木　なぜ単体に呼ばれないんですか？

森林　やっぱり単体女優はイケメン男優を選ぶでしょうし。でも単体の女優で、監督との面接で「森林さんが良かったです」と言うと、「君いいコだね」って褒められるらしいですよ。「見た目だけで選ばないんだね」って。イケメンとしか絡まないとか、鈴木一徹と絡みたいっていう女優が来ると、このコはちょっとセックスを楽しみに来てるわけじゃないなと。

鈴木　そんな女優さんいるんですか？

森林　いますよ（きっぱりと）。一徹と3Pしたときのことなんですけど、その女優は一徹としかキスしないんですよ。僕が顔を近づけてもプイって。しょうがないから僕は彼女の足をなめたり、マンコなめたりするんですけど。そういうことが立て続けにあって、最初はイジケてたんです。「どうせ僕はイケメンじゃないし」って。でも、ある時考え方を変えたんですよ。寝取られ的な発想で。「この女は本当は一徹の彼女で一徹のことが好きなのに仕事とはいえ僕とやらなきゃいけないんだ」って。実際に現場で、女優の耳元でこっそり「本当は僕じゃなくて一徹とやりたいんだろう」って囁くこともあるんです。そうすると、僕の中でボワッて火がつくんですよ。

鈴木　それで女も燃えるんですか？

森林　いいえ。女は燃えないっす。

鈴木　自分が燃えるだけ？（爆笑）

森林　はい、自分が燃えるだけです。だからまぁ、イケメン好きな女優と絡むことがあっても、それなりに楽しむ術を見つけたっていうか。いろんなセックスを知りたいんです。世の中のセックスを全部知りたい。

◉結婚後に変わった鈴木おさむのセックス観

森林　今度は逆に僕から聞きたいんですけど。おさむさんはどんなセックスをしますか？

鈴木　やっぱり結婚してから全然違いますね。1つ思ったのは、30歳まではすっごいエロかったんですよ、僕も。いろんなセックスが好きだし、熟女とかとも付き合ってたし。僕、この間まで乳首にピアス開けてたんです。MRIが受けられないってことで外したんですけど。やっぱり好奇心も旺盛だし、うちの奥さんとは交際0日で結婚してるんで、もちろん結婚してからセックスです。妻は初夜でダチョウ倶楽部の上島竜兵さんみたいなリアクションをしてて（笑）、それでもいいんです。気持ちいい、エロいセックスと違って愛おしさのセックスもあるなと。結婚して思ったのはこいつが愛おしいとか、愛情の部分でチンコが勃つようになるんだなって。

森林　本当にいろんなセックスがありますよね。でも、一つ言えるのはセックスの良さってチンコやマンコの大きさとか形とかじゃなく「感情」というか、もっと内面で決まるものだということですね。おさむさんにもう一つ聞きたいんですが、テレビ業界の一線の人ってものすごく気持ちいいセックスをしている方が多いと思うんです。実際にそうでしょう？

鈴木　いや、どうでしょうか？（笑）。

森林　ある有名なベテランのAV監督さんがいて、その監督いわく、テレビで一線張ってる人はセックスを見抜く力があるっていうんです。その監督はある大物芸人さんと交流があるんです。その芸人さんは本当にセックスが好きで、実際にAVの撮影現場にも来たことがあるようで。その場で、「今のは本当はイってないなあ」とか見抜くんですよ。

鈴木　演技を見抜く力があるんでしょうね。

森林　昔、その監督は別の大物芸人さんに毎月作品を送ってたんですって。今のようにインターネット販売もない時代の話で、買うか借りるしかないんですけど、顔がバレますから大物芸人という立場では買いに行けないじゃないですか。レンタルビデオ屋にも借りに行けない。だから監督が撮った作品は絶対に送るんですって。ある日、その芸人さんから電話があって、「あんたあの女優とヤッてるやろ」って。

鈴木 監督は出演していない作品ってことですよね？

森林 そうです。男優しか出ていない。でも、実は面接のときにムラムラしちゃって、カメラを回さないでヤッちゃった女のコだったんですって。それが画を通してわかるんです。「あんたのカメラワークがあの女優に興味がなくなってたで！」って。

鈴木 すごい！

森林 それは大物芸人さんだったんですけど、それ以外にもテレビで人の感情を高ぶらせるようなことを常日頃からやってる人は、ものすごいセックスをするんだろうなって。技術云々じゃなくて感情をあふれさせる、共鳴させるっていうセックスができるんだろうなって、思ったんです。

鈴木 確かに人を笑わせられるっていうのはすごいことですからね。僕、その芸人さんのライブに行ったことありますけど、ある意味でスローセックスですね。お客さんの前に出てきて、ゆっくりゆっくりゆっくり愛撫しながら、くわーって持っていく感じがわかります。ゆっくりしたセックスのような。

◉ついに鈴木おさむもAV監督に？

森林　おさむさんが好きなAVってどんなのですか？

鈴木　僕は素人ものと企画ものですね。逆に女優ものはデビューもの、初めてものは見ますけど、それ以外はほとんど見ません。嘘くさいって思っちゃうんですよ。本当かなって。高校の頃からナンパものを見てて、「こいつは本当に素人かどうか」って気持ちで見るのが好きなんですよ。「どうせ仕込みだろうけど」とかって。今にしてみれば、そこですごくテレビ番組の構成を学んでいたんでしょうね。大学時代はもうこの仕事をしてましたけど、AVも参考になりましたよ。

森林　すごい！　日本のバラエティ番組はAVが作ったんですね。

鈴木　そうかも（笑）。でも、今テレビで活躍されている芸能人の方々もAVが好きな人多いですよ。特に芸人さんは好きですね。

森林　そんなに好きならAVに出ればいいと思うんですけど。なんで出ないんですか？

鈴木　ええ？　うーん、やっぱり出ちゃうとね。でも、そろそろ出てくるかもしれませんけど。

森林　おさむさんはどうですか？　撮りたいって思わないですか？

鈴木　撮りたいと思うものはあるんですけど（笑）。

森林　おさむさんの名前を出したら大々的なプロジェクトになっちゃうと思うんですけど、趣味程度でどうでしょうか？

鈴木　本当に趣味で、覆面で。でも、色んな人に怒られちゃうかも（笑）。

森林　ハードルは高そうですね（笑）。

◉AV男優は女性の子宮を掴む

鈴木　結婚願望ってあるんですか？

森林　30歳過ぎてからは、付き合う人とは「そうなればいいいな」って思ってきましたけど、仕事のことで必ずもめますね。相手の人はOKでも、その親は必ずダメって言いますよね。

鈴木　よくAV女優さんと結婚されている方の話は聞いたことがあるんですけど、一般の方と結婚している男優の方っていらっしゃるんですか？

森林　もちろんいます。

鈴木　その方たちはものすごく高いハードルを越えてきたんでしょうね。親のこともそうですけど、言い方によっては〝仕事が不倫〟みたいなところもあるじゃないですか。

森林　最初のルール作りがうまいんでしょうか。

鈴木　ルール作りか、あとは下品な言い方ですけど、子宮を掴んでいるんですよね。「女性は男性の胃袋を掴む」という言葉がありますが、男性は女性の子宮を掴むのがポイントなんでしょうね。ある男優さんで、朝の10時くらいに集合だった現場があって、その時点で少し疲れてるんですよ。どうしたんですか？　って聞いたら、「いやぁ嫁の機嫌が悪いから、朝から一発やってきたんだよ」って。

鈴木　相当うまいんでしょうね（笑）。

森林　まさに子宮を丸掴みしてるわけですよ。

鈴木　そもそも男優さんはセックスがうまいと思うんですけど、プライベートで女のコとセックスする時、どの男よりも気持よくさせる自信ってあるんですか？

森林　肉体的って意味では確実にあります。ＡＶ女優さんで有名人食いの人がいるんですよ。２０１４年のブラジルＷ杯にも出たサッカー日本代表のＡさん、女性ファンが多いイケメンプロ野球選手のＢさん、紅白にも出たバンドのイケメンボーカルＣさんとヤッたっていうんで、その彼女に「誰が一番良かったの？」って聞いたら、「この3人よりも**花岡じったさん**[※7]」ってAV男優の名前を出したんです。トップアスリートやイケメンにAV男優が勝ったと思ったら、自分のことのように嬉しくて。

鈴木 まさかの4人目が（笑）。

森林 それぐらい気持ち良かったんでしょうね。僕らにとってはセックスは生き様ですから。プロスポーツ選手やイケメンバンドマンには何にも勝てないですもん、他は。セックスでは何かしら勝ちたいですよ。

鈴木 森林さんはAV男優という仕事に、熱い情熱と誇りを持ってますよね。

森林 はい。生まれ変わっても絶対にAV男優になります！

※7 花岡じったさん

基本的に肉食系が多いといわれるAV男優の中で〝最強の肉食系男優〟と呼ばれるハードファッカー。長い舌での蛇のようなクンニ、激しすぎるピストンなどで女優を昇天させる。彼の名前を冠した作品が発売されるほど

森林原人さんと話して感じたこと。

この対談の日、森林さんは、

「この人、ファッション好きだな」

と一目見て思わせるオシャレなジャケットにメガネをかけて、取材会場に現れました。まるでゼミの講師が話をするかのように、熱く分かりやすく、時にはねっとりと、まっすぐ目を見て語ってくれた森林さん。


実は先日、とあるＡＶ女優さん二人と話す機会がありました。好きな男優さんの名前を聞くと、二人とも「森林君」と言いました。そのうち一人は、

「森林君がデビューの相手で本当に良かった」

と。森林さんのどこが好きか聞いてみると、まず、現場にスイーツとか持ってきてくれるらしいです。そして会話を大事にする。そして、なによりチンコが痛くないのだとか。森林さん自身が奇跡のチンコと呼んでいたけど、それは女優さんの証言によって証明されました。さすがです。


森林さんの話で忘れられないのは、ＡＶの世界に入りたくて入りたくて、セックスした

くて仕方のなかった森林さんに、こんな質問をぶつけたときのこと。

「AVの中でするセックスは気持ちいいのか？」

そう聞くと、森林さんは僕の目をまっすぐ見つめながら、

「鈴木さん、セックスしてるんですよ。気持ちいいです」

と言い切ったのです。

もし僕が誰かに「テレビの仕事って面白いですか？」と聞かれたら、森林さんのように
まっすぐ相手の目を見て、

「テレビ作ってるんですよ。面白いに決まってるでしょ」

とは言い切れない自分がいる。まさに森林さんにとってAV男優は天職なのでしょう。

それにしても、森林さんの親の話はいい話。

自分の仕事を周りにどう思われようが、要は、自分自身がプライド持ってやってるかどうか？　突きつけられた気がしました。

みなさんは、今の自分の仕事、プライド持ってやっていますか？

Chapter

2 VS しみけん

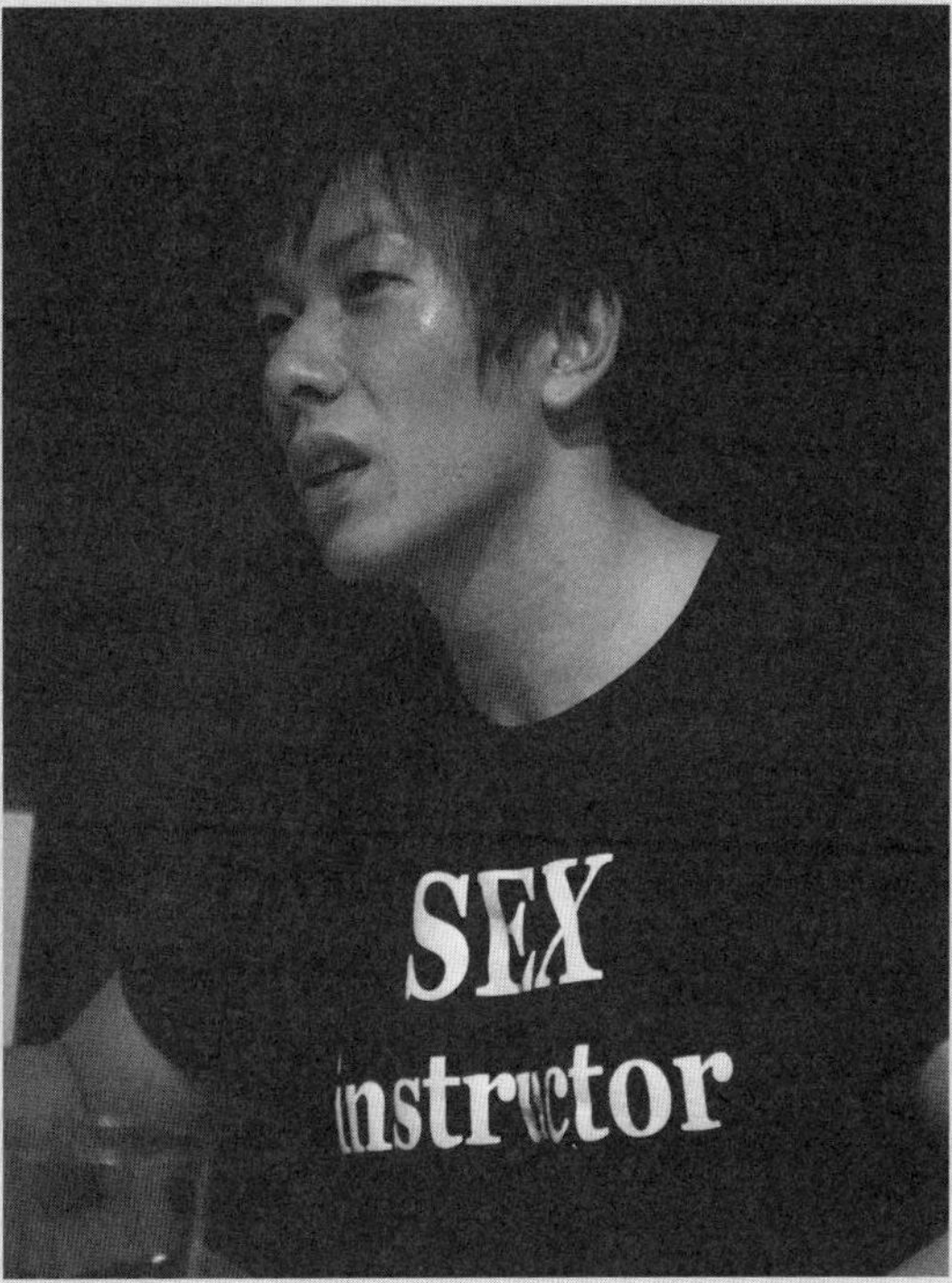

しみけん
PROFILE

1979年生まれ。高校卒業後すぐゲイ作品でデビュー。フェチものを得意としながらも、ナンパもので頭角を現わし、今やイケメン男優として女性ファッション誌から地上波バラエティ番組にまで出演するトップＡＶ男優に。ボディビルの大会での入賞経験やクイズ王としてテレビ番組で活躍するなど、AV以外でもマルチな才能を発揮。経験人数は武道館満席目前の7500人。最近、愛車のデロリアンをTwitter上で売りに出し話題になった。

◉編集者だったマッコ・デラックスとの邂逅

鈴木　デビューは18歳ということですが、高校を卒業してすぐ？

しみけん　はい。4月2日に撮影がありました。

鈴木　本当にすぐじゃないですか！　でも、なぜAV男優に？

しみけん　女が好き過ぎて。高校ですでに経験人数は180人でした。女とヤッてカネもらえるなんて、夢みたいな話じゃないですか。僕、高校の卒業文集に「将来の夢はAV男優」って書いてましたから。それで夕刊紙の3行広告にあった〈AV女優・男優募集〉ってのに応募して。でも現場に行ってみるとゲイ雑誌『バディ』のグラビア撮影だったんです。

鈴木　あぁ、そんな募集の仕方をするんですね。

しみけん　それもひどい話で、撮影場所が首都高を走るトラックの荷台で、衣装はふんどし一丁。落ちないようにと腰に紐を括りつけてくれて、「しっかり結んでおきますから」って言われて。なんとか無事に撮影が終わって、トラックから降りるために紐を外そうとしたら、どこにもつながっていなかったんです（笑）。その紐を結んだのが、今も僕のメンターであるマツコ・デラックスさんだったんですよ。

鈴木　マツコさんはゲイ雑誌『バディ』の編集者でしたからね。

しみけん　なりゆきでふんどしモデルを続けてたら、マツコさんが「早くAV男優を目指せ」って言ってくれて。それで履歴書を30社ぐらいのAVメーカーに送ったんです。

鈴木　それで受かったのが？

しみけん　フェチ物で有名な**アロマ企画**[※1]さんだけでした。その時は受かったというか、リターンがあったのがアロマさんだけで。電話がかかってきていろんな説明があるのかと思いきや「君、ウンコ食えるか?」の一言だけで。これを断ったらAV男優の道が閉ざされると思って、「食べたことないですけど、食べられます！」って言ったら、「じゃあ撮影しよっか」って。

鈴木　いきなりデビュー作でウンコ食べたんですか？

※1 アロマ企画

しみけん氏がデビューを飾った老舗のフェチAVメーカー。汚物、ホモやレズ、妊婦などこだわりの作品ばかりを制作している。しみけん氏の思い出の作品のジャケットが強烈すぎたので、新作の中からソフトなものをチョイス

しみけん　はい。しかもブーちゃんで汚い女の。「まだ私18歳なんです」って若くて可愛いでしょ的なアピールをしてくるんですけどね。18歳なんだったらもっと容姿を気にしろよと。

鈴木　そのコは18歳で早くもスカトロ女優だったんですね（笑）。

しみけん　そのブスがシックスナインしながらウンコをするんです。臭くてしょうがなかったですけど、カメラも回ってるし、無心で食べました。その帰り道で僕、歩きながらウンコ漏らしたんです。すぐにコンビニで紙おむつを買って。

鈴木　ウンコが当たったんですね。

しみけん　医者に行ったら「大腸にいるはずのトリコモナス・ア・エルギーザ酸が胃にいる」って。「何か悪いもの食べましたか？」って聞かれたので、ウンコを食いましたって。

鈴木　何本食べたんですか？

しみけん　2本です。その時に医者が、「そうかウンコ食ったのか……じゃあ、ウンコ病だな」って呟きながら、ドイツ語でカルテに書くんです。「あぁ、こいつは糞医者だな」ってのがオチなんですけど、まあ治療費が2万円でその時のギャラが1万5

000円だったんで、赤字スタートというのが僕のAV男優としての第1歩ですね。

◉4歳からウンコが好きだった

鈴木　強烈なデビューですね。で、2作目は他のメーカーで？

しみけん　いえ、アロマさんでした。

鈴木　認められたんですね（笑）。

しみけん　食いっぷりが良かったっていうのと、食いながら射精できたことが評価されて。正直ウンコに興奮してました。実は僕、4歳からウンコが好きなんですよ。ただ食べたことがないというだけで。

鈴木　好きだったんですね。でもなぜ今まで我慢してたんです？

しみけん　正直ビビってたんです。食べていいものなのかと。

鈴木　実際、お腹壊してますしね。で、どこが好きなんですか？　フォルム？　女のコがしたウンコが好きなんですか？

しみけん　好きなのは女のコのウンコだけです。すべてのウンコが好きだったら、自分のウンコも食べてますよ。

鈴木　そうですよね（笑）。高校の時点で180人の経験があって、ウンコを食べるまでいかずとも、変態的な行動はあったんですか？

しみけん　僕、童貞を捨てたのが15歳の高校1年生の時だったんですけどね。その時の相手がヤリマンで有名な女のコだったんです。彼女には童貞だと思われたくなかったんで、初めてなのに、かなりカッコつけてセックスしてたんです。

鈴木　わかります。童貞心理としてありますね。

しみけん　もうAVの完全コピーで。いろんな体位を変えて汗だくになって、最後顔射したんです。正直な気持ちとして、セックスってなんて疲れるんだ、全然気持ちよくないじゃないかって思って。で、シャワーを彼女と浴びてる時に、もう童貞を捨てたんだから言ってもていいかなって思って、「おしっこを飲ませて！」って。僕の経験人数は今だいたい7500人なんですけど。

鈴木　そのコが001？

しみけん　会員番号001です（笑）。で、イヤイヤおしっこを飲ませてくれたんですけど、それでギンギンになったんです。「もう1回やらせて！」ってなって。そのまま風呂場でヌプッて入れて、カッコつけないセックスだと、10秒ぐらいでイっちゃったんです。あまりに気持ちよくて。

鈴木　高校生で、カッコつけないセックスが気持ちいいと感じるってすごいですね。

しみけん　そのコに中出しして しまってたんで、ものすごく怒られましたけど。これがきっかけになって、ナプキンやタンポンをもらったり、って行動に移すようになっていきました。

◉美と汚のギャップに興奮する

鈴木　その性癖を自分でどう分析します？

しみけん　僕は女性の美と汚のギャップに興奮するタイプなんです。僕の好みの女性は、毛深くて臭くて、猫背でデカくて、ぺちゃパイの顔が個性的な人ですから。

鈴木　それ、汚ばっかり（笑）。逆に理想が高いですよ。

しみけん　全部満たす人はいないんですけど、（DVDを見せながら）このAV女優の**藤木静子さん**[※2]はかなり好みではありました。

鈴木　え！　ケツが121センチ!?

しみけん　デカイでしょ？　このケツに顔面騎乗されたこともあります。頭蓋骨がギシギシいうくらい。もうチンコがガチガチになって、パンツを脱いだ反動でチンコが反り返って我慢汁が自分の顔にかかりましたから。

鈴木　藤木さんは大きなウンコしそうですしね。

しみけん　まだ食べたことはないですけどね。森林原人君もこの作品に出てて3Pしたんですけど、彼が最初マンコに挿入してると思ったら、アナルに挿入してて。アナルとマンコの大きさが同じくらい広がってるんですよ。もう何でもあり。僕が駅弁をして森林君がアナルに入れる2穴とか、森林君と僕のチンコをマンコに同時に入れるとか。

鈴木　タブーなしですね。ベテラン女優さんなんですか？

しみけん　いえ、デビューして1年ぐらいじゃないかな。そもそも会うと「いいケツしてますねぇ」とかケツの話ししかしないので、彼女のプロフィールについてはまったく知

※2
藤木静子さん

熟女AV女優で121センチもの巨尻がチャームポイント。シックスナインでは男優の顔がすっぽり隠れてしまい、呼吸困難に陥ってしまうとか。デビューは08年。年々ボディサイズが上がり、さらに肉感的になっている

らないんです。

◉タレント時代の島田紳助との思い出

鈴木　しみけんさんの出身はどこなんですか？

しみけん　千葉県船橋市です。

鈴木　ご両親は何をされてるんですか？

しみけん　母ちゃんは専業主婦。父ちゃんはサラリーマンです。

鈴木　この仕事をするって言ったときはどうだったんですか？

しみけん　事前に言ってなくて、ある程度してから親父から「お前、何やってんの？」って電話かかってきて。誰かに言われたんですって。「清水さんのお子さんはAV男優らしいですよね」って。

鈴木　やっぱりバレるもんなんですね。

しみけん　それで親父には、「僕は中途半端な気持ちでやってるんじゃない。一生やり遂げたいと思ってる職業を見つけて、僕を必要としてくれる人がいる。そうしていろんな人と出会えてるわけだから、申し訳ないけど、僕は辞めるつもりはない。迷惑もかけないから、そこは理解して欲しい」ってことで誠心誠意、説明しました。それで親父も理解してくれて。母ちゃんは本当にアナログの女性だから、よくわかってないみたいです。そうそう母ちゃん、1回ナンパビデオに出たんですよ。

鈴木　ええー！　AV女優になったってことですか？

しみけん　違う、違います！　いやこれがひどい話で。僕の地元でナンパものの撮影しようという企画があって。ナンパしてる時に、「ケンちゃん何やってるの？」って偶然、母ちゃんが通りかかって、カメラにフレームインしてきたんです。

鈴木　まさかの親子共演（笑）。

しみけん　僕も「今、インタビュー中だから、帰って！」って追い払うのに必死で。編集さんに「これカットしておいてくださいね」ってお願いしてたんですけど、作品を見たら、顔にボカシも入らないで母ちゃんがシッカリと映っていたんです。まぁ、そんなトラブルもありましたけど、小学生の時の同級生を偶然ナンパしてヤれて、それはものすごく興奮しました。そのコとはハメ倒しました。

鈴木　向こうはしみけんさんのこと覚えてたんですか？

しみけん　覚えてくれてたんですよ。で、AV男優だって明かすと、「すごい頭いい子だったから、そんな職業についてると思わなかった」って。

鈴木　頭のいい学校に入ったんですか？

しみけん　僕、中学受験してるんですけど、中学の偏差値は60ちょっとでした。高校の時の偏差値は70以上。

鈴木　その頭脳を持って高校を出てすぐAV男優ですか？

しみけん　高校の時にAV男優になると決めてはいたんですが、一応、法政大学に入学してます。でも2年で中退しました。単位が足りなくなってきたのと、大学行っても楽しくなかったんです。AVの現場の刺激に比べると、ぜんぜん物足りないというか。

鈴木　森林さんも大学を2年で辞めてますよね。僕も大学には3か月しか行ってなくて、2年で中退しました。

しみけん　社会に出てる方が楽しいですよね。

鈴木　大学にいるよりね。

しみけん　その大学生時代には、AV男優以外に、素人の人たちが所属する芸能プロダクションにも入ってて。フォーミュレーションとフルタイムという事務所なんですけど。

鈴木　超有名ですよ。２大巨頭です、今。めっちゃ儲かってます。

しみけん　そうなんですか。ネプチューンさんの『恋のチューンネップ』っていう番組に〈彼女を悩ませる腋フェチの彼氏〉として出て、その後、島田紳助さんの『熱血島田塾』というゴールデンの番組でレポーターのような仕事をさせてもらって。紳助さんにはよく絡んでもらって、「しみけんはＡＶ男優のバイトをやってるんやで」みたいないじりが結構あったんですよ。

鈴木　じゃあタレントみたいな感じだったんですね。

しみけん　半タレントは言い過ぎですが。でもその頃からＡＶ男優としての仕事が忙しくなっていったので。

◉前バリが破れるほど濡れた鈴木麻奈美

鈴木　今や超売れっ子ですもんね。

しみけん　まぁ、お仕事があるのは嬉しいことなんですが、失うものもあり……10年ほど前なんですけど、ウンコものから卒業することになりまして。

鈴木　またウンコ！（笑）。でも、それはなぜ？

しみけん　ウンコものって下汁《げじる》が出るものなんですよ。

鈴木　げ、下汁？

しみけん　いわゆるAV男優の下に汁男優がいるのは御存知ですよね？　その汁男優にもランクがあって、上から汁エース、上汁、中汁、そして最下層の下汁となる。ウンコを食うのは下汁の仕事なんです。

鈴木　トップ男優が食うものではないと？

しみけん　本心は食いたいですよ。今も目の前のもろキューがウンコに見えてるぐらいだし。今、しみけんといえば単体のトップ女優としか絡まないとなっていますが、その位置を狙って自分をブランディングしていった結果なんです。僕、あの**小向美奈子さん**[※3]のデビュー作の相手を務めさせていただいたように、たくさんの女優さんの〝開幕戦〟に出させてもらっていて……ウンコを食うキワモ

※3
小向美奈子さん

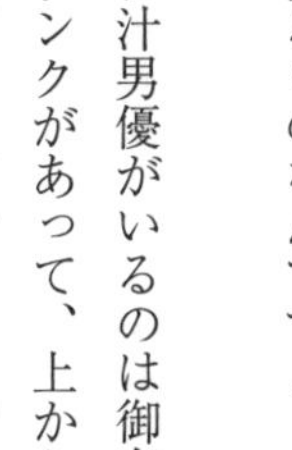

元グラビアアイドルのAVデビュー作にしみけん氏が抜擢。かなり緊張したというが、あのスライム乳の魅力を余すことなく伝えてくれた。この作品は20万本を超える大ヒットとなり、史上もっとも売れたAVともいわれている

ノ男優だと、悲しいかな、そこはいけないんです。

鈴木　仕事として考えた時に性癖は脇に置かないといけないわけですね。

しみけん　デビューした頃はまだ擬似本番もありましたから。芝居もできなきゃ一人前になれませんし。

鈴木　98年デビューですよね？　まだ擬似ありました？

しみけん　ありましたよ。02年頃まであったんじゃないかな。女優でいえば、あの**鈴木麻奈美さん**[※4]（※4）も擬似でしたよ。

鈴木　元レースクイーンの。まだやられてますよね。

しみけん　今は本番かもしれませんが、昔は前バリしてました。でも、その前バリが破れるほど濡れるんですよ。マンぐり返ししたら、前バリが浮いてるんです、マン汁が溢れてて。

鈴木　それはエロいですね。

※4
鈴木麻奈美さん

1998年にAVデビューすると、「あのレースクイーンがAVに！」と話題になり、AV市場を席巻。メーカー5社と同時契約するなどカリスマ女優として活躍した。06年に引退するが、11年に復帰。現在多方面で活躍中

しみけん　「本当はやりたがってんじゃん」って思うと興奮して。あと、良かったのは**広末奈緒さん**[※5]。彼女は少し抜けていて、ムダ毛の処理が甘いんですよ。あれだけ可愛いのに。僕の好きな美と汚のギャップですよ。まぁ、そういう興奮させてくれる女優さんばかりじゃないけど、うまくこなしつつ、自分がどんなAV男優なのかを周囲にアピールしていった結果が今なんです。

◉最大の失敗を救ったマツコ・デラックスの言葉

鈴木　今まで失敗したこと。たとえば勃たなかったこととかありますか？

しみけん　あぁ、1回だけあります。それは元アイドルの女のコのデビュー作で。そのコのアイドル時代を僕がたまたま知ってて。

鈴木　ここ1年ぐらいの話ですよね。最近じゃないですか？

※5
広末奈緒さん

1999年のデビュー当時、ボーイッシュなショートカットにキュートな顔立ちがあの広末涼子に似ているといわれ人気爆発。しみけん氏も「彼女との絡みは興奮した」とお気に入りだった。その後、改名を経て04年に引退

しみけん　そうです。16年間AV男優をやってきて、一番の失敗が最近になってやってきたんです。フェラしてもらってる時に、調子に乗ってアイドル時代のポージングをお願いしてしまったんです。そしたら彼女が「嫌だ」って即答して。あ、このコはまだアイドルとしてのプライドというか意地を持ってるんだなって思ったら、申し訳ない気持ちでいっぱいになっちゃって。そこから勃たなくなっちゃったんです。カメラ止めて勃ち待ちの時に、彼女は献身的にフェラしてくれてたんですけど芯が入らないんですよ。最後は編集に頼って。

鈴木　本番はしなかったんですか？

しみけん　そのコとは一応最後までしました。その日、僕は3本撮影が入ってて、2本目が彼女だったんです。僕の勃ち待ちやらで時間が3時間近く押してしまい、3本目の監督から「もうこれ以上待てないから」って連絡が入り、急遽、男優差し替えになり……。結局、3本目を飛ばしちゃったんですよ。その日は落ち込みましたね。

鈴木　いまだに連絡するんですか？

しみけん　壁にぶち当たった時に連絡します。とりあえずマツコさんやメンターの人に電話して。

鈴木　いい答えくれるんですか？

しみけん　それはもう的確な。マッコさんなんて電話で「あの〜」って言っただけで、「お前のあの〜だけで、これからくだらない話が始まるのはわかってんだよ、なんだ？」って。勃ちませんでしたって言ったら、「知らねえよ！　こっちはなぁ、風呂入ろうと思って裸なんだよ。お前のクソみたいな不条理な電話をどう切るかで頭がいっぱいなんだよ」って言われて。で、そんな扱いを受けると、「あ、なんだ、周りの人からしたら、そんな小っちゃいことなんだ」って。

鈴木　突き放すタイプのメンターですね（笑）。

◉ハチャメチャすぎる兄貴分・島袋浩との関係

しみけん　僕にはメンターが何人かいるんですが、先輩男優の島袋浩さんもそうです。

鈴木　ナンパもので共演されてますものね。

しみけん　高校生の時によく見てた人ですからね。もうスターですよ。

鈴木　じゃあ、島袋さんとナンパもの始めたのは嬉しかったんですか？

しみけん　嬉しかったですね。22歳の頃に抜擢してもらったんですけど、その現場にいるだけで楽しいし、勉強にもなるし。

鈴木　ナンパものって仕込みとガチがあると思うんですけど。しみけんさんはあらかじめ情報を入れられてナンパしてたんですか？

しみけん　僕は情報を入れませんでした。仕込みってわかっちゃうと口説き方が雑になるんです。島袋さんの愛を感じたっていうエピソードがあるんですけど、まだ僕が慣れていない頃、いつも島袋さんと一緒にナンパしてたんですね。でも、そろそろ一人でもナンパできるようにって、仕込みの女のコが来た時に、急に島袋さんの携帯が鳴って、「そんな株売っちまえよー！」とか言いながら、株の電話が急にかかってきたという体で抜けるんです。

鈴木　それ演技ですよね？

しみけん　そうです。それで電柱の影から僕のことを見てるんです。で、不甲斐ない口説き方をしてしまうと、夜に呼びだされて「お前は波がありすぎる」って怒られるんです。けど、説教の会場が叙々苑とかの高級店なんで、あんまり怒られてる感じがしなくて。これも飴と鞭というか。とにかく島袋さんと共演させてもらって、いろんな愛情を注いでもらっていたなとは思います。

鈴木　島袋さんが死んだら泣きますね。

しみけん　泣きますよ。日本中の男子が泣くんじゃないですか。

鈴木　お聞きしていると、島袋さんは師匠であり、兄貴であり、AVの親であり。

しみけん　僕の成長期に必ず関わってくれていたのが島袋さんでしたから。だから僕も事あるごとに報告をしていたんですね。24歳でベンツのEクラスを新車で買ったんです。「島袋さんのおかげでベンツ買えました！」って、自宅まで迎えに行ったんです。僕に食事をおごらせてくださいって。で、後部座席に乗ってもらって、まだバックビューモニターとかなかった時代ですから、「後ろを見ててくださいね」っていうと、「うんいいよ、オーライ、オーライ」って。それで、ガッチャーンですよ。あの人、新聞読みながら「オーライ、オーライ」言ってやがったんです。

鈴木　まったく後ろを見てくれてなかったんですね。

しみけん　そうなんです。僕はそれまで家賃5万円のボロボロのアパートに住んでたんですけど、島袋さんと仕事をするようになって20万円のマンションに引っ越せたんですね。

鈴木　すげー、一気に。

しみけん　一気にギャラが増えましたから。で、ここでも島袋さんをお呼びしたんです。お鍋の準備して待ってたら、拡声器とバズーカを持ってやってきて、いきなり窓を開けたと思ったら、拡声器を通して「この部屋にはＡＶ男優が住んでますよー！」って叫ぶんです。さらに火災報知器の前でバズーカを撃ったり。

鈴木　それも愛ですよ（笑）。生きざまを見せてくれたんでしょうね、ＡＶ男優とはこういうものだって。

しみけん　うーん、愛ですよね（笑）。その時は本当に殺してやろうかと思ったんですけど、こうやってみなさんに笑って話せるというのは愛だったんですよね。

◉ＡＶ界に存在する徒弟制度。現在はセックスメンを育成中

鈴木　ＡＶ男優の皆さんも、そうやって師弟関係のようなものがあるんですね。

しみけん　今や僕にも弟子がいて、イケメン男優の**一徹**[※6]は僕の弟子だったんですよ。一時期、僕の家に住まわせてましたから。

鈴木　えぇー！　そうなんですね。

しみけん　それである時期、「しみけんさん、シルクラボから専属のオファーが来ました。

どうしたらいいですか？」って相談されて。その頃、一徹も売れ始めていたので、新規メーカーの専属になるのはある意味でリスクではあったんですね。一部のベテラン男優の中には、反対した人もいたそうなんです。でも僕と森林君とかが、絶対に行った方がいいって後押しをしてあげて。

鈴木　ベテランの方は保守的なんでしょうね。

しみけん　その通りで、でも僕らはチャレンジすべきだと思ってたんです。逆に何で道なき道を行こうとしている後輩の後押しをしてあげられないんですか？　って。そういう閉鎖的な考えがあるから、この業界は収縮していくんじゃないんですかっていう風に思って。中には「お前、帰って来る場所なくなるぞ」って一徹に言った先輩がいたらしいんですよ。でも、本来は帰ってきた時の場所を作ってあげるのが、僕ら先輩の役目じゃないのかなとも

※6　一徹

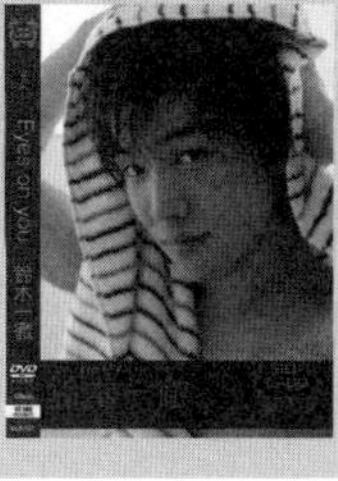

1979年生まれ。中央大学卒業後、会計士を目指すが挫折しAV業界へ。イケメンAV男優「エロメン三銃士」として若い女性から人気を集める。現在、女性向けAVメーカー「SILK LABO」の専属AV男優として活躍中

思うんです。一徹は今、成功していますが、彼の成功は僕らだって嬉しい。

鈴木　しみけんさんは、業界全体のことを考えてるんですね。

しみけん　今はどんどん後輩の育成に取り組んでますよ。汁男優ヒエラルキーで下汁だったイセドン内村ってのがいるんですけど。たまたま控室で一緒になった時に、ぱっと見たら、iPadでウンコもののAV見てたんですよ。そこから仲良くなって、男優のいろはを教えていったんですよ。

鈴木　ウンコがつないだ輪ですね。

しみけん　でも一徹とは違って、何を教えても育たなかったんですよ。彼自身はとてもヤル気があったので、これはミュータント計画しかないなと。

鈴木　肉体改造ですか。

しみけん　ただのトレーニングだけじゃないんです。まずは男性ホルモンを増やすサプリメントをアメリカから3種類取り寄せて、ちゃんぽんして経口液で飲ませました。男性って射精すると賢者タイムがあるじゃないですか。その賢者タイムを防ぐことができるクスリがあるんですけど、それをインドから大量に取り寄せて。あとは、勃起につながる漢方薬も飲ませて。

鈴木　ものすごいドーピング（笑）。

しみけん　男性ホルモンが増えたせいで、筋肉も付きやすくなったし、気分が前向きになったようで、自分からコミュニケーションをとろうとするようになって。今は彼を中心としたAVメーカーもあるんですよ。まさにミュータント男優ですね。

鈴木　セックスメン（笑）。

しみけん　ハハハ！　まさに。セックスメンはクスリに頼ってるので、いつまで使えるかわからないですけど使ってやってくださいって、制作さんには言ってます。今は下汁から上の男優になってますよ。

鈴木　セックスメンのヤルバリンですね（笑）。

しみけん　批判的な意見もあるんです。でも成功体験を経験しないと成長もしないんで。あいつ自身も、「薬でダメになっても、それまでの男だと思って諦めます！」って覚悟を決めてるんで。だったら本気でミュータント男優をやらせようと。

◉付き合うならAV女優より断然一般人！

鈴木　先輩、後輩だけなく同期もいるんですか？

しみけん　完全な同期はいませんが、デビュー時が近いとその感覚にはなりますね。そういう意味では森林君は同学年だしデビューも近い。

鈴木　ライバル関係にもありますか？

しみけん　そうですね。彼がいたから僕も成長できたという面はあります。森林君って何回でも勃つんですよ。前戯なく始まる**「出会って4秒で～」**※7とかの作品は彼の出演率ハンパないですから。

鈴木　そんなにすぐに回復されるんですか？

しみけん　たとえば、まずロッカーの影から飛び出してきて、一回目ヤリます、出します。で、女優が「はぁ～、ビックリしたけど気持ちよかった」って感想を漏らした時に、「まだ終わってないよ」って、回復したチンコで二回戦目が始まるんです。今度こそ終わったと思って、女優がシャワーを浴びに行ったら、シャワールームに森林君が

※7
「出会って4秒で～」

何も知らされずにやってきたAV女優にいきなり男優が襲い掛かり、即ハメするシリーズ。タイトルにも付けられる合体に要する時間は4秒をベースに、2・5秒や3秒、7秒などがある。人気シリーズで30作以上がリリースされている。写真は麻美ゆまさんによる第一弾

待ちぶせしてて。しかもギンギンで。女優も「もう2回出したじゃん！」って本気で驚いて。デジャブみたいな。本当に女優がパニックを起こすんです。

鈴木 ハハハ！　まさか、そんなに出せないでしょって（笑）。

しみけん 悔しいですけど、連発という分野では独壇場ですよ。実は僕も最近、彼に対抗する能力を身に着けたんです。連発でイクというのは無理なんです。だから1回の射精を小分けにするという技を編み出したんです。

鈴木 究極の我慢汁みたいにするってことですか？

しみけん そういうことです。すごく練習したんで。

鈴木 すっごいチンコの筋肉が強いんでしょうね。脳に止まれって指令を出すんですか？

しみけん そういうことだと思います。ただ、その技をやると一時的に耳が聞こえなくなるんです（笑）。

鈴木 ハハハ！　大技ですから、体も無傷じゃないんですね。じゃあ、次は恋愛面について聞きたいんですけど、やっぱり同業の方が多くなります？

しみけん 8割が女優さんで2割が一般の方です。

鈴木 どっちがいいですか？

しみけん　一般の方がいいですね。女優と付き合うと痛い思いしかしないですから。

鈴木　痛い思い？

しみけん　最終的には必ずといっていいほどうまくいかないんですよ。幸せになれないんです。カメラの前で裸になるというのは、やっぱり心に何か持ってて、寂しいんですよ。でもその寂しさを埋めてあげられるほど、僕はできた男じゃないし。もちろん男優と女優が付き合うのはタブーですから、バレたら大事になるという恐怖感もあるし。それこそ、コワモテの方に鬼詰めされることだってありますから。

鈴木　逆に一般の女性とお付き合いする時は、どういう場で知り合うんですか？

しみけん　ｍｉｘｉで知り合って付き合ったことはあります。僕のコミュニティがあって、僕のファンみたいなコがいて。

鈴木　じゃ、しみけんさんの仕事のことも知ってて。

しみけん　そうです。連絡を取り合うようになって、ちょっと会ってみようかなと。

鈴木　一般の方とはどうですか？

しみけん　すごく新鮮です。だって18歳からＡＶ業界ですから、僕。正直、一般世間について知らないことも多いんですよ。話を聞いてて、新鮮で勉強になることも多いし。

なんかホンワカしますよね。以前、付き合ってた一般人の彼女の連れてきたワンちゃんが、僕の家でご飯食べなかったことがあって。犬って環境の変化に敏感みたいで。彼女はものすごくそのことを心配してて。でも、翌日はご飯をしっかり食べたんですよ。そしたら、「けんちゃん、ぷうちゃん（※犬の名前）がご飯食べなかったのは、ただのワガママだったみたい」って嬉し泣きしたんです。ほっこりしません？

鈴木　します（笑）。

しみけん　すっごい平和。「けんちゃん、今日の私が見た夢聞いて！」とかね。どうでもいい夢なんですよ。どうでもいい話がずーっと続くんですよ。でもそれが癒やされるんです。これが同じ業界で働いてる女優だと、どうでもいい会話もできないんですよね。

◉いい女優と悪い女優の見分け方

鈴木　プライベートで仕事の話とか出たら、ほっこりはしませんよね。現場ではいろんな苦労があると思いますが、勃たなかった話以外でもありますか？

しみけん　男がとにかく嫌いな監督がいるんです。ねっとりとしたキスだとか、男優とのラブラブ絡みを嫌う。ある大型新人デビューの撮影で、その人に当たってしまい……。

鈴木　確かに、たまにすごく淡白な絡みの作品もありますね。

しみけん　その監督はほぼ素人童貞なんです。だから、ヤりまくりの男優に対する嫉妬というか、お前らはチンコだけ勃たせればいいんだ的な考え方を持ってて。その時も、「キスもいらない、おっぱい愛撫もクンニもいらない。愛撫はパンツの上から」って。その状況で、「糸が引くくらい濡らせ」って言ったんです。

鈴木　うわぁ、一休さんみたいな話ですね（笑）。

しみけん　本当ですよ。トンチですよ。女のコも初めての作品だったからガチガチで固まっちゃってて。「僕はキスはセックスの中で1番大事な行為だと思うんですよ」と、監督に言ったんですよ。「キスを制する者はセックスを制する」と。

鈴木　格言ですね。

しみけん　そのキスもなしに、糸を引かせろと言われても無理ですよと。そしたら監督が何って言ったと思います？　「舐めたければ舐めてもいいけど、そこは全部カットするからな」って言ったんですよ！

鈴木　使えばいいのにと思いますけどね。

しみけん　そうでしょ。僕もカチンときたんですけど、やるしかないですよ。そう言われたら意地でもキスもクンニもしませんよ。でも案の定、糸は引きませんよ。カラカラですよ。監督は「なんで濡れてないんだ！　これでイクくらい、お前、感じさせろ！」って。その一言で完全にキレてしまって。「そんなことできるわけないだろ！　俺は奇術師じゃないんだ！」って言ってやったんです。

鈴木　ハハハ！　そりゃそうですよ。触らない限り無理ですよ。

しみけん　もう止まらなくて「あんた、本当のセックスをしたことがあるのかよ！」とまで言ってしまったんです。ほぼ素人童貞の監督ですからね。言った瞬間、しまった！　とは思いましたが。でも監督は、「お前、プロのAV男優なんだからやれよ！」とブレなくて。いざ、挿れましょうとなった時も、女のコは初めてで股開いて緊張して待ってるのに、頭に血が上ってしまった僕の勃ちが甘くて、グッダグダの絡みになって。焦ってる時に「私のデビュー絡みがしみけんさんでよかったと思います」って女のコがボソッと言ってくれたんです。その言葉が助けになって、ビーンと勃って、事なきを得ましたけど。

鈴木　その監督とは仕事がしづらそうですね。いい監督と悪い監督の違いって何だと思いますか？

しみけん　監督にはいいも悪いもないと思うんです。こんな無理難題を求める監督でも、作品は売れてるんです。実際映像を見ると、男のいない画っていうのもやっぱりいいんですよ。エロに正解がないってのもありますし。

鈴木　なるほど。ではいい女優と悪い女優はありますか？

しみけん　ありますね。なんであなたは股を開いてるんですか？　という問いへの答えでわかります。自分のお金のためだとか、自分だけのために股を開いてる女優は、たいていいセックスがつまらないんですね。

鈴木　借金返済のため、とかだとつまらないですか？

しみけん　そうです。ネイルサロンの開業資金のために仕方なくとか。

鈴木　そういう女性は多いというか、そういう女性ばかりだと思っていましたが。

しみけん　実際に多いんですけど、そうじゃない理由で入ってきた女優には当たりが多いんです。「私はこれまでセックスをしない人生を歩んできたけど、本当のセックスを知りたいから」とかね。セックスが好きで好奇心で入ってきた女優もエロくなります。

鈴木　「本当にセックスが好きで」とか言ってる女優さんは嘘だと思ってたんですけど、本当にいるんですね。

しみけん　いますいます。少ないですけどね。今30歳を超えている女優さんは、たいていセックスが好き、という理由。それ以下の年齢になると、8割はお金ですね。残る2割が好奇心。これは本人に聞かなくても、体を重ねると分かりますね。このコはお金目当てなのかとかね。

◉これからは高齢者向けAVの時代へ

鈴木　今、年間500本ぐらい出ていると聞きましたけど、それだけの経験値があるとわかるもんなんですね。ところで、なんでそんなに呼ばれるんでしょう。しみけんさんの武器とは何ですか？

しみけん　呼ばれる理由ですか……自分で言うのもなんですが、一番は女のコとコミュニケーションが上手にとれることじゃないでしょうか。コミュニケーションをとりつつも無難にこなす。地雷を踏まない。地雷の上に乗ったとしても不発。あとは、安定性でしょう。

鈴木　安定性というのは？

しみけん　どんな仕事でも安定してこなせること。午前中に**蒼井そらちゃん**※8と絡んで、その日の午後に72歳の双子のイネとヨネを抱いたことがあるんです。ハワイ発、アラスカ行きの飛行機みたいなもんです。それでも風邪を引かずに無難にこなせるか。イネもヨネも潮吹かせましたけど。

鈴木　えぇー！　その落差に耐えて勃起したんですか？　ものすごい安定感（笑）。72歳の双子がAVに出た理由もかなり気になります。

しみけん　年金だけじゃ暮らせないから、らしいですよ。

鈴木　それ社会問題ですよ！　自分で応募したってことですよね？

※8 蒼井そらちゃん

「妹系」のロリータフェイスに90㎝Gカップの巨乳で一躍人気AV女優に。今では日本を飛び越え、その知名度はアジアを席巻中だが、そんな彼女のデビュー作の男優を島袋氏が務めた

しみけん　そうです。今、AVも需要が高齢化しちゃってて、おばあちゃん系も人気あるんです。60歳以上の女優も増えていて、彼女たちが順番待ちをしてる状態なんです。

鈴木　皆、お金のため?

しみけん　はい。だってイネとヨネ、「用意スタート」から、「はいカット!」まで一言も話しませんでしたから。もう感じるとか性に対する興味とかはゼロなんです。お金のためだけに股を開いてますっていう。

鈴木　これからガチの高齢者向けAVが増えるかもしれませんね。

しみけん　おじいちゃん男優もいますからね。80歳で世界最高齢のAV男優、**徳田重男さん**※9然り。この間、10人のおじいちゃん男優を呼ぶことになって、手配師さんが男優たちに電話してたら、奥さんが出て「生前はお世話になりました」って。亡くなってたんですよ。あと、「孫バレ

※9 徳田重男さん

デビューが59歳。今年80歳を迎えた日本最高齢のAV男優である。出演作は350本以上。CNNでも取り上げられ世界的にも有名に。子どもが2人、孫が1人いるという。松木梅吉という別名義での出演作もある

したからワシはやめる」ってのもよくある。

鈴木　おじいちゃん男優あるある（笑）。そんなにいるんですか？

しみけん　いますけど、発射できるのは3人。それ以外はほぼエキストラ扱いです。だから僕らがおばあちゃん女優と絡むことになるんです。

鈴木　仕事の電話が入っておばあちゃんと絡むと聞いてどうですか？

しみけん　ヤッター！　ですよ。だって普通に生きててそんな機会ないでしょ？　その時点で興奮しますよ。

鈴木　それはわかります。僕も人生、好奇心で生きてきたので。でも、好奇心の赴くままに生きていくと、麻痺しますよね。好奇心がより自分の理性に勝ってくるんですよ。

しみけん　普通は理性が抑えるじゃないですか。でも、そのうち好奇心が勝つんです。

鈴木　そうなんです。おさむさんもウンコも食べましょうよ。

しみけん　始まった（笑）。遠慮しておきます。

鈴木　食わず嫌いですよ。とりあえずウンコのAVを観てください。

鈴木　ウンコは本当にキツいです。昔、SM嬢と付き合ってる時に、おしっこ飲まされたことがあるんですけど……思った以上に量が多くてビックリしちゃって。

しみけん　経験あるじゃないですか！　それは嫌じゃなくて量が多かっただけでしょ。頻尿の女性なら少なめですよ。

鈴木　本当に勘弁してください（笑）。

◉祖父の葬式で判明した性癖の遺伝

しみけん　一度食べたら人生変わりますって。実際にウンコAVがきっかけで人生が変わった人がいますから。

鈴木　そんな人いるんですか？

しみけん　**『寿限無スカトロジー』**※10　っていう作品なんですけど、僕のウンコで餃子を作って女優が食べるっていう内容で。

鈴木　ウンコに興味はありませんよ。興味はないという前提で、ちなみに聞きますけど、餃子は焼きですか？　水ですか？

しみけん　もちろん焼きです（きっぱりと）。まずはボウルの中にウンコするんです。僕はプロテインばっかり飲んで

※10　『寿限無スカトロジー』

寿限無スカトロジー2　しみけん氏も出演したスカトロファンの間で伝説となっている作品の一つ。「塗る」「食べる」の基本をシッカリ抑えたエンターテイメント性の高い作品に仕上がっている。興味がある方はぜひ……

るから、動物性タンパク質が多くて臭いんですよ。その日、初めて現場を経験するっていう若い女性ＡＤさんがいたんですけど、監督がそのコに「お前、この臭いボウルにフタしろ！」って。でも、そのコは「臭すぎてフタできません！」って泣きながらスタジオを飛び出しちゃったんですよ。

鈴木　逃げちゃった（笑）。

しみけん　彼女はそれ以来、帰って来てないらしいです。もう一つエピソードがあって、そのウンコ餃子を作った方が、有名なシティホテルのコック長だったんです。監督のツテで協力してくれたそうなんですが、後でホテルの偉い人に見つかって「お前、ウンコ餃子作っただろ！　クビだ！」って。今、その人、ＡＶ男優やってるんですよ。

鈴木　もともとＡＶに興味があったんですか？

しみけん　そうみたいなんです。吹っ切れたんでしょうね。今、バリバリやってますから。

鈴木　しみけんさんのウンコで二人の人生が変わったわけですね。ずっと気になってたんですけど、幼稚園の時に女のコのウンコに興奮したという性の記憶があるわけですよね。でも、なぜウンコに行き着いたのか、なぜそこに興味を持ったのか。

しみけん　それがわからないんです。

鈴木　おそらく絶対に理由があるはずなんです。何かしらの。

しみけん　うーん、理由ですか？　あ、ただ僕は窃視症なんです。

鈴木　窃視症って何ですか？

しみけん　覗き見るのが好きだという病気みたいなものです。盗撮ビデオが好きとか。僕はオナニーする時は盗撮ものでしかできないので。盗撮に興奮するんです。この窃視症の部分では、なぜ好きなのかが判明しているんです。

鈴木　どんな理由なんですか？

しみけん　一昨年、おじいちゃんが死んだんですね。葬式でお坊さんが故人の生涯を読み上げるじゃないですか。その時、分かったんです。「●●たけしは太平洋戦争中は敵国の情報を盗聴し、我が国に有益な情報をもたらし〜」って。

鈴木　ハハハ！　諜報部隊だったんですか！

しみけん　そうなんです。僕の窃視症はおじいちゃんから受け継いだものだったのかと。

鈴木　DNAレベルの話ですね。おじいちゃんは国のために盗聴しながら興奮していたのかもしれませんね。

しみけん　おじいちゃんはおばあちゃんにモールス信号でプロポーズしたって言ってたので。完全に窃視症はおじいちゃん譲りだなと。ただ、ウンコが好きな理由はまだわからないです。

鈴木　それ、絶対おじいちゃんですよ（笑）。

しみけん　ウンコ好きそうには見えなかったんですけどね。

鈴木　その人が強烈に持っていたものって、遺伝するって話、聞いたことがあります。太っている知り合いがいて、病院で精子の検査を受けたんです。そしたら、「痩せてください」って。何でですか？って聞いたら、「あなたが太ったら精子も太るんですよ」と。コレが本当だとしたら、デブでさえ遺伝するんだから、性格や性癖のように変えられないものは、DNAに強烈に組み込まれるはずですよ。

しみけん　でもおじいちゃんは士族のいい家系だったんです。士官学校を出て戦地に赴くこともなかったんで、通信兵をしてたんです。戦後はある県の教育委員会の会長も務めてたし、いわゆる〝お固い人〟だったんで、ウンコに興味があるようには思えないんですけどね……。

鈴木　それは途中で変わったのかもしれませんね。戦争中、おじいちゃんが諜報部員として、日本軍に徹底的に調教された結果、性癖が狂っていったのではないでしょうか。
しみけん　ってことは、僕をこんな不憫にしたのは？
鈴木　国であり戦争ですね！
しみけん　戦争って人の人生を本当に狂わせますね。

◉AVはウンコみたいなものです

鈴木　では、そんなしみけんさんの今後の夢は？
しみけん　くだらない夢と本気の夢があるんですけど、くだらない夢は、「ウンコアパート」を建てることです。女性限定でトイレの排水溝を全部、僕がいる管理人室に引くんです。
鈴木　食べるんですね（笑）。何号室かわかる仕組みで？
しみけん　はい。排水溝に書いてあるんですよ、102とか103って。僕が食べて健康管理をするわけです。あと、コンビニも経営したいなと。
鈴木　なぜコンビニを？
しみけん　僕、コンビニでウンコを拾ったことがあるんです。その日は、午前中の現場が寝不足だった上に、砂利道でババアをレイプする過酷な仕事で。なんとかこなしたけど次の現場はヤバイぞ、もうパワーがないぞって思ってたらお腹が痛くなって。コンビニに入ってトイレをノックしたら誰か入ってて。早く出ろよとか思いながら待ってたら、女子大生風の若いコが顔を出したんです。でもすぐに引っ込んで。5分後に、出てきて洗面所で手を洗い始めたんで、僕は漏れそうでしたから、今だ！ってトイレに飛び込んだ。するとそのコが「アッ！」って叫んだんです。匂いでも気にしたのかなと思ったら、便器に大きなウンコが。

鈴木　流れなかったんですかね。

しみけん　そうみたいです。僕としては、こりゃ儲けたぞ、と。便器の水に触れていない上澄みだけを指ですくい取って、べろべろっとやって。そしたらもうギチギチになって。次の現場を元気に乗り越えられたんです。

鈴木　ポパイみたい（笑）。今日、カレー鍋にしなくて良かったなと心の底から思ってます。（※この対談は東京・中目黒にある人気ちゃんこ鍋屋『ちゃんこ屋鈴木ちゃん』で飲食をしながら行なわれている）

しみけん　僕は平気ですよ。

鈴木　でしょうね（笑）。では、そろそろ本気の夢の方に。

しみけん　本気の夢は100歳になってもAV男優を続けることです。

鈴木　なるほど。生まれ変わってもこの仕事をしたいですか？

しみけん　もちろん。根本的にこの仕事が好きなんです。AVって僕、ウンコみたいなものだと思うんですよ。世間一般から見たら「なんでAVなんかに出てるの？」って排泄物みたいに毛嫌いされるような面もあるけど、誰かの役には立ってる。ウンコだって肥料になるでしょ？　僕はそんなAVの世界で輝きたい。光り輝くウンコになりたいんです。

鈴木　ウンコっていい言葉でも使えるんですね。

しみけん　将来的には男優やりながら「しみづ」っていうAVメーカーも立ち上げたいんです。デブ、ブス、ババア、ウンコ物を専門にした。で、その会社の2階が僕の住居、3階がスポーツジム、4階が女性専用の賃貸アパートにして。

鈴木　もしかして女性用の住居の排水溝を自宅に？

しみけん　もちろんつなげますよ。

鈴木　結局ウンコ！（笑）。しみけんさん、昔から1ミリもブレてない!!

しみけんさんと話して感じたこと。

最近は、クイズ王としてその知識量の多さでテレビ番組にも出ているしみけんさんを見ていると、この人はものすごく頭のいい人だなって思わされます。

一見チャライけど、その語り口にはインテリジェンスがちらほら見られます。

そして、そのインテリジェンスが垣間見られる口から「僕、ウンコ食うんですよ」という発言も飛び出します。

ここで聞きます。変態とは何なのでしょうか？

しみけんさんのことを簡単に、

「あの人、ウンコ食うんだよね」

と言う人がいます。うんこ食ったら変態なんでしょうか？　変態だろ！　と突っ込んだでしょ？　じゃあ、変態って何なんでしょうか？

僕、本気で思います。他の人がほとんど聞かない音楽を聞いてても、変態とは言われないですよね。だけど、性に対することの少数派だけ、変態と呼ばれる風潮がある。これってなぜでしょうね？

しみけんさんは、仕事では最近、ウンコ食ってません。でも本当は食いたいらしいです。単体女優のAVにやたらと出てくるし、芸能人でAVデビューする人の相手とか散々してるのに、やはり、今でも夢は「うんこアパートを作ること」って言うでしょ？

高校生の頃からずっとブレてない。

人間誰にだって秘密があります。だけどね、その秘密にしておきたいことを声高らかにして、仕事にまでできてしまえる人って、すごい勇気、すごいエネルギー、すごい運。

自分のテンションが最高にあがることを仕事にできている。これって、なかなかできないこと。

人から変態と言われようが、それでテンションがあがり、それを仕事にできていることってめちゃくちゃ格好いいことで、たいして好きでもない仕事を毎日やっている人が簡単に「変態」と言う権利はない。とマジメに語ったりして。

みなさんは、自分のテンションのあがること、仕事にできていますか？

Chapter

3 VS 島袋 浩

しまぶくろ
ひろし

PROFILE

1966年生まれ。高校卒業後、ホストやショーパブなどの水商売を経て、20歳でAV男優デビュー。軽妙なトークと安定感のある〝魅せるプレイ〟で人気男優に。特に「ナンパもの」でその才能を発揮し、大学生など若い男性ファンから「兄貴」と慕われ、「AV界のナンパの帝王」と呼ばれるまでに。現在はAV制作会社を立ち上げ監督業を務めるほか、タイのバンコクで日本人向けのキャバクラ「バニラ」を経営。セックス経験人数は推定6000人。

◉初仕事は宇宙人の役

鈴木　僕はナンパものが好きで、学生時代や20代の一番AVを観ていた頃、島袋さんには本当にお世話になりました。

島袋浩（以下、島袋）　それはどうも。

鈴木　ナンパものといえば島袋さんでしたからね。AV男優になったのはいつぐらいなんですか？

島袋　20歳です。当時、働いていた東京・渋谷のショーパブの先輩がアルバイトとしてAV男優をやってたんです。で、「お前もやれば？」って。19歳の多感な時期だったんで。１９８７年ぐらいかな。

鈴木　バブル最盛期の頃ですね。

島袋　ど真ん中です。バイトしてたショーパブでは札束が飛び交っていましたから。そりゃもうすごかったですよ。水商売というか風俗関係の人がすごく羽振りが良くて。風営法とかなかった時代なんで朝の4時とか5時とかまで普通にやってましたし。ソープ嬢の財布の中がすごかったですね。長財布に札束が入ってるような、よくV

シネマであるような（笑）。うちのショーパブは中二階にあったんですけど、そこからお札が降ってましたからね。枚数でいうと80枚くらいだと思いますね。そんな浮足立った時代だったので、好奇心からAV男優をやってみた、っていうのが最初です。

鈴木　一本目の仕事って覚えてますか？

島袋　覚えてますよ。東京から新幹線乗せられて熱海まで行ったんですよ。僕一本目ですよ。芝居もやったことないのに台本があって台詞がギッシリ（笑）。当時はまだドラマ性のものが多かったんですが、内容がメチャクチャなんですよ。だって僕、宇宙人の役でしたからね（笑）。

鈴木　内容が気になります（笑）。男優さんは何人出ていたんですか？

島袋　その頃はだいたい1本に男優は一人か二人でしたね。女優は一人で。今みたいに何人も出てくるのはなかったですよ。

鈴木　お相手はなんて方だったんですか？

島袋　それもよく覚えてますよ。若干マイナーな沢木夕子っていうんですけど。

鈴木　すみません。知らないです（笑）。その頃の有名な女優さんっていうと……。

島袋　小林ひとみ[※1]とか、あと桂木麻也子っていう多分知らないと思うんですけど。僕の中ではこの二人が東西の横綱でした。

◉擬似から本番の転換は女優サイドの希望だった

鈴木　時代的にまだ擬似ですよね？

島袋　擬似全盛の時代です。

鈴木　あれって、いつ頃から挿れるようになったんですか？

島袋　豊丸[※2]が出てきた頃からですね。1990年ぐらいかな。女優側から要望があったらしいですよ。

鈴木　えぇー！

島袋　中にはそういうこと（本番）やりたい女優もいて、豊丸ぐらいから変わり始めたんです。このあたりから疑似やらウソ精子みたいな小細工が少なくなっていきました。

鈴木　ずっと擬似が続いていて、いよいよ本番でやり始めるよ

※1 小林ひとみ

1986年にデビューし、アイドル顔負けのルックスとスリムなのに巨乳というビデオ映えするボディで一躍人気AV女優に。1990年前後、AV界に本番ブームが到来したが、頑なに本番を拒否。しかし、抜群の演技力で多くの男性を魅了した

うになった時には戸惑いましたか？

島袋 ありましたね。「今日って本番なの？　マズイな……」って。もちろん仕事を始めた当初は本番するつもりで現場に行ってたけど、ずっと擬似が続くと、いざ本番となるとプレッシャーを感じてしまうんです。ずっと補欠のサッカー選手が「今日も出番ないだろう」って思ってたのに、監督にいきなり行けよって言われた時みたいなもので。準備ができてないんですよ。本番か擬似かって事前に教えてもらえないんです。そういう時はなかなか勃たないですね。

鈴木 今までが〝ヤってるフリ〟だったわけですからね。でも擬似でやる時でも勃起はしてるんですよね？

島袋 人間って逆で、挿れなくてもいいよって時に勃っちゃうんですよ。やっぱり精神ゲームなんです、AV男優って。みんな技のことよく聞くけど、すごいのはそこじゃない

※2 豊丸

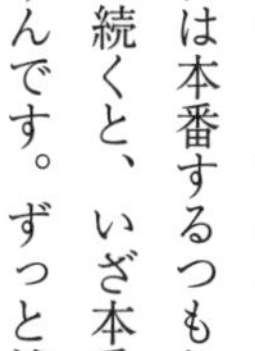

デビュー作のタイトルは『吸淫力』。当時は控えめな女優が多かった中、女性器に大根を挿入したりと淫乱女優として人気を集めた。島袋氏いわく、「積極的に〝本番行為〟に挑み、擬似全盛だった時代に風穴を開けた」女優の一人

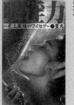

から。「絶対挿れて、頼むよ」って言われて勃って挿れられるのって簡単なことじゃなくて、時にはプレッシャーがかかる場面もあるんで。メンタル多少強くないと雰囲気に飲まれてしまう事はありますね。

鈴木　デビューがもう少し遅くて最初から本番だったら、また違ったんでしょうね。話は戻りますが、一本目のギャラっていくらぐらいでした？

島袋　2万円です。

鈴木　微妙な額ですね（笑）。興味本位のバイトのはずが本業になったのはなぜですか？

島袋　もともと変わったことをしたいと思っていたんです。何度か作品に呼ばれるようになっていって続けられそうだし、「このまま本業にしてもいいかな」って思えたんですよ。

鈴木　AV男優を本業にするって相当な決心というか、深く考える必要があると思うんです。たとえば僕がAV男優やりたいと思ったとしても、やっぱり親のこととか考えてしまいます。

島袋　親のことはまったく考えなかったですね！

鈴木　まったくですか（笑）。

島袋　当時はまったく。まだ今の方が少しあります。

鈴木　ご両親は仕事のこと知ってますよね？

島袋　いまだに言ってませんよ。

鈴木　ええー！　知らないんですか？

島袋　いや、それが最近になって親が僕と話すときに、目と目を見て話さなくなったんですよ。ああ、もう気づいたんだなと。まぁ僕からあえて言うことはないですけど。僕の親世代って結構年寄りだから、AVなんて観てないのかなと思ったけど、観てたんですよ！

鈴木　自分の作品を親に見られてたわけですね。

島袋　それがどうやら、親だけじゃないっぽいんです。4年ぐらい前にお爺ちゃんの葬式があって。親戚一同が集まったんですね。その時にお袋の弟が僕のところに近づいてきて、「ヒロシ君は俺たちとは全然違う仕事してるんだね」って言われて（笑）。それでもう、分かるじゃないですか。叔父さんは60歳ぐらいなんですけど、僕のことをすごく羨ましがっていて。「ヒロシ君はいいよね。俺たちとは全然違うもんねぇ……」って。

◉あの有名女優のデビュー作は僕です

鈴木　親戚も確実に見てますね（笑）。80年代後半から90年代前半の**クリスタル映像**※3や**ダイヤモンド映像**※4といったあの当時のＡＶ界ってどうだったんですか？

島袋　今思えばですよ、もうちょっとギャラ出してもいいし、もうちょっといいメシ食わしてくれても良かったよなって思います。あの頃のメーカー経営者はかなり儲けてましたから。

鈴木　時代はバブルだし、ＡＶ業界も勢いありましたもんね。女優さんはあの頃と今では、どっちがギャラが高いですか？

島袋　断然昔！　全然違います！　男優のギャラはそんなに変わらないんです。一定なんですけど、人気女優にもなると１本で数百万円とかありましたから。

※3
クリスタル映像

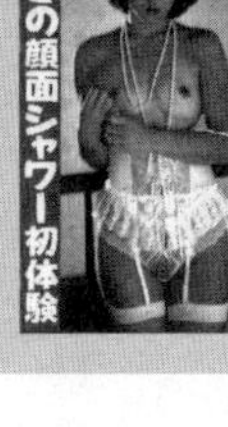

1984年創業の老舗AVメーカーで、〝擬似全盛〟の時代に「完全本番主義」をウリにした過激派集団。カリスマAV監督、村西とおる氏もかつて所属。顔面射精を「顔面シャワー」と称したのもこのメーカーが最初

鈴木 僕は**桜樹ルイ**※5が大好きだったんですけど……。

島袋 彼女も大人気でしたね。あのコも1本数百万円はとってたと思いますよ。

鈴木 やっぱり売れると女優の態度って変わるんですか？

島袋 中にはいましたよ。デビューの頃からガラッと変わったなっていうコも。後にタレントになって自叙伝がバカ売れしたあのコも最初は本当に性格のいいコだったんですけど……僕、彼女の一人目だったんですよ。

鈴木 えぇー！　重要な役回りじゃないですか！

島袋 一本目なんて良くないですよ。重圧しかない。6本契約した女のコの一本目が僕ですとなったら、良い印象を与えないといけないから全然攻められない。どうしても守りのカラミになるんですよね。

鈴木 男優さんのギャラっていくらぐらいなんですか？

島袋 一現場、片手ぐらいかな。拘束時間じゃなく現場単位な

※4 ダイヤモンド映像

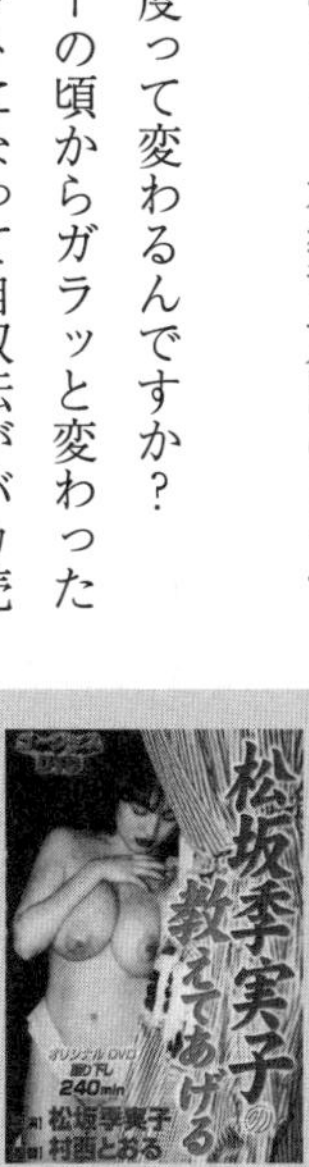

クリスタル映像でAV監督をしていた村西とおるが1988年に設立したAVメーカー。松坂季実子、桜樹ルイ、卑弥呼ら有名女優をキャスティングしてヒットを連発。しかし、AV不況などから92年に倒産。村西は50億円もの借金を背負ったとされる

んで、半日でも1日かかっても同じです。

鈴木 そうなると撮影時間は短いほうがいいですよね。

島袋 そうなんです。でも時間って監督によってマチマチ。**TOHJIRO監督**[※6]って知ってます？　熱い監督で、とにかく撮影が長い（笑）。だって前日の昼から撮ってて、終わるのが朝の8時ですよ。で、そのまま次の現場に向かうから、ヘロヘロになって。でも、あの監督にはそんな過酷な撮影を超越する熱さがあったから、「しょうがないな、この監督なら」って我慢できましたけど。

鈴木 どこに時間がかかるんです？

島袋 やっぱり芝居です。絡みは50分もあれば終わりますけど、芝居は何度も撮り直しますし、凝り始めるとキリがない。

鈴木 台詞は事前に覚えていくんですか？

島袋 いえ、その場で。大した芝居じゃないですから。でも昔、ものすごい長台詞を渡されて、テイク30までいったこと

※5
桜樹ルイ

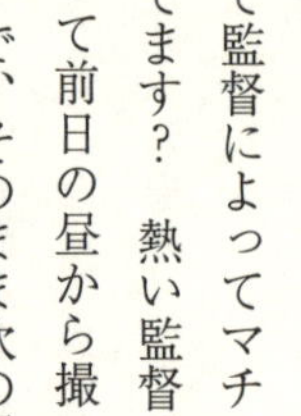

鈴木おさむ氏が大好きだったという名女優。グラビアアイドルとして活躍後にAVの世界へ。そのキュートなルックスで90年前後、絶大な人気を誇った

があります。クレーンまで使う撮影で、どこに金使ってんだよ！　て思いましたけど（笑）。

◉ナンパものはガチばかりだと面白くない

鈴木　単体ものもさることながら、島袋さんといえばナンパものですよ。特に「ナンパスペシャルシリーズ」※7や「ナンパミラクル」※8はよく観ました。ナンパものをやり始めたのはいつぐらいからですか？

島袋　90年代の中盤ぐらいからですね。

鈴木　素人みたいなこと聞いちゃいますけど、あの女のコたちって仕込みなんですか？

島袋　全部じゃないですけど、仕込みもあります。そうしないと面白くなんないですよ。もちろんガチもやってましたけど、ガチだとまったく手口が変わってきちゃう。最初っからお金の話になる。交渉に遊びがなくなっちゃうん

※6 **TOHJIRO監督**
1980年代後半から活躍するAV監督で、現在AVメーカー「ドグマ」の代表取締役。人気AV女優を椅子に縛りつけイカせ続ける「拘束椅子トランス」シリーズを始め、"イカせ物ブーム"を作ったことで知られる

です。

鈴木　あーそうか。生々しい話になっちゃいますよね、そりゃ。でも仕込むにしても、監督が男優にどこまで伝えておくのかって問題ありますよね。このコはおっぱいまでとか、本番までいけるって最初から言っておくのか。

島袋　それはいい質問ですね（笑）。僕は知りたくない方なんです。基本はガチで声を掛けてて、女のコとの話が詰まってきたところで、助監督を見る。すると、「こいつはイケるヤツだ！」みたいな合図をくれるんです。合図がなければガチなので、交渉して違う出口を探す。

◉思わず中出ししちゃって「おい！後ピル、後ピル！」

鈴木　僕にはナンパものの好きな見方があって。「こいつは最後までいくのかどうか」って分析しながら観ることなん

※7 「ナンパスペシャルシリーズ」

ナンパ物AVの元祖である通称『ナンスペ』。第一作目から登場している島袋氏は後に『ナンパミラクル』や『ナンパけもの道』などのシリーズにも出演し、ナンパAVの第一人者ともいわれように

です。「こいつは仕込みかもしれないけど、どこまでいけるか。あーやっぱり最後までいったか」とか。

島袋 僕も意識して（視聴者に）わかんないようにしてましたよ。だから仕込みかどうかを事前に聞かなかった。そうしないとヤラセっぽく見えちゃうから。茶番劇になる。ただ、構成の問題もあるので、最後の段階では教えてもらうと。

鈴木 ナンパものにはいろんな規定がありそうですしね。

島袋 いっぱいありますよ。絶対に外せないのが年齢確認。ガチの時は勢いでいくので、ヤッちゃった後に年齢確認しようとすると、確認できるものを持ってないんですよ。免許証やパスポート持ち歩いてるコなんてそうそういないですもん。それで使えないってことはありますよ。一応、「明日パスポートのコピーもらいにいくね」なんて約束するけど、連絡が取れた試しがない。ガチのコはそ

※8
「ナンパミラクル」

2003年にナンスペのスタッフが新たに立ち上げたシリーズ。ナンスペ時代の島袋氏の相方は毎回違っていたが、ここでは固定。それがしみけん氏だった。女のコを口説く二人の姿がコミカルであり生々しくもあり、「ただエロいだけではないAV」と評判になった

の場の勢いでヤッちゃってますから。

鈴木　ガチの方がリアルな感じがしていいですけど、制作側としてはそういう怖さはありますよね。

島袋　逆にガチなのに、うまく行き過ぎると「これは仕込みだ」なんて言われることもあるし。

鈴木　僕が見た島袋さんのナンパものの作品で、「これはガチなんだろうな」って思ったのがあって。島袋さんが思わず中出ししちゃって、一瞬だけ声が残って、「おい！後ピル、後ピル！」って言うんですよ。その後にすぐ編集でパンっと映像が切れちゃって。

島袋　言ったかも知れない（笑）。後ピルってのは「アフターピル」のことなんです。終わった後に一回飲んで、その12時間後にまた飲まないといけない。ヤッた時間によっては朝の4時に飲まないといけないこともあるわけです。普段、中出し物やるときは女優さんはピル飲んでくるんですけど。

鈴木　ナンパものですから、そんな準備してこないですよね。だから「後ピル、後ピル」っていうのがすごいリアルだったんですよ。あれはガチですか？

島袋　どうでしょうね。僕そういうところはうまいってのがあります（笑）。

◉ナンパものは自分のプロモーション

鈴木　ナンパもので有名になって、30代、40代前半の頃、「俺が日本で一番の男優だな」って思った時期ってありましたか？

島袋　ないです、ないです。

鈴木　リスペクトする男優さんは？

島袋　それもないですね。僕、師匠がいないんですよ。

鈴木　逆に自分がかわいがった後輩はいますか？

島袋　まあ、しみけんなんかはそうかもしれないですね。

鈴木　しみけんさんと一緒に出てたナンパものはよく見ました。名コンビでした。どっちかが行き過ぎて、片方がフォローするとか。あの時の絶妙なコンビネーションは面白かったですね。僕はAVを見て「笑う」っていう感覚があるんですけど、それは島袋さんのシリーズを見てからかもしれません。

島袋　正直、笑ってもらう作品は目指していました。ちょっとクスッとさせたかった。爆笑になると不快になっちゃうんです。やっぱりAVなんで。クスッとなるぐらいでいいんです。

鈴木 スカートをめくらないっていったのにめくって、女のコに叩かれるっていうのがあるじゃないですか。ああいう瞬間は見てて笑えましたね（笑）。細かいけど必要な線のアドリブなんで、見てて面白かった。特にナンパものだと、脱がすまでの過程がすごく大事だと思うんですけど、島袋さんのシリーズが一番感情移入ができたんです。

島袋 僕の中ではあれは自分のプロモーションビデオだと思ってたんで。普段のAVってどうしても黒子にならざるを得ない。でもあのシリーズだけは表に出てきてもいい。それが許された。逆に「このチャンスを逃してしまうと俺は埋もれていくな」と。だから相当気合いを入れて頑張りました。

鈴木 すごいヒットしましたよね。

島袋 いつもナンパシリーズばかり言われます。

鈴木 やっぱり島袋さんの顔が出てるからじゃないですか。シリーズが何本も出てるのに常にレンタル中でしたもん。レンタルビデオ屋にいって「あ、今日はパート4が残

島袋 ってた」とか、そういうレベルでしたから。

それは嬉しいことですが、他にも単体作品とかいろいろと出てるんです。たとえば、最近の有名シリーズでいうと**「パコパコバスツアーシリーズ」**※9は面白いですよ。メジャーどころの女優含め10人ぐらい出ている素人参加型で。僕は毎回出ています。

鈴木 （ジャケットを見て）うわ、すごい人数。これ、プロの男優さんは何人出てるんですか？

島袋 僕だけです。あとは本当の素人を募集して集めました。結構いい女優が来てますから、ファンが応募するんですよ。「2ちゃん」とか見ると、「●●ちゃんとヤりたくて応募したけど受かんなかった」とか悔しがってる参加者の書き込みありますから。このメーカーで一番売れてるシリーズらしいです。

※9 「パコパコバスツアーシリーズ」

2003年から続くAVメーカー『ムーディーズ』の人気シリーズの最新作。AV女優とファンがバスツアーをしながらハメてしまうというファン感謝祭的な意味合いを含んでいる

◉日本には〝男優犬〟が二匹いた

鈴木　素人が参加すると撮影も大変そうですね。そもそも素人が勃つんですか？

島袋　これだけ人数がいるとプレッシャーも感じず勃ちますよ。1対1じゃ無理でしょうけどね。撮影の大変さでいえば、素人参加型はまだマシです。相手が人間だから。こういう団体モノで、女のコ10人がキワモノたちとヤルっていう企画があったんです。最初に出てきたのが見た目が相当気持ち悪い〝キモメン〟で、次が旧日本兵の格好をしたおじいちゃん（笑）。そして、3人目に犬が登場（笑）。

鈴木　獣姦ですか。

島袋　凄いなと思ったのが、犬にもそれ用の犬っているんです。人間の女性とヤル用の犬が。日本に二匹しかいなかったらしいですが。

鈴木　えぇー！　誰がどう育てたらそんな犬になるんですか？

島袋　育て方はわかんないですけど、トレーナーと一緒に来て、合図すると勃起して、指示するとちゃんと腰振る〝男優犬〟なんですよ。面白いなと思って、僕の監督作品でも呼びたくて、トレーナーの人にギャラ聞いたらえらい高かったです。

鈴木　ハハハ！　自分よりも？

島袋　自分どころじゃないです！　3時間で60万円でしたから。ちょっと現場で時間が押しちゃったら予算オーバーで使えない。ただ、日本に二匹しかいなくて、その二匹とも最近死んじゃったらしいんです。男優犬文化は途絶えちゃった。一説によると某テレビCMにも出てた有名タレント犬だったとかで。トレーナーには「絶対内緒ですよ」って言われました（笑）。

鈴木　そりゃ言えない話ですよ（笑）。

◉飛行機の中でゲリラAV撮影

島袋　いろんな現場を踏んできましたけど、一番しんどかったのは、スチュワーデスものでした。もう時効だから言いますけど、実際に飛行機の中でヤッたんです。

鈴木　えぇー！　それバレたら今なら飛行機が引き返しちゃいますよ。新聞沙汰ですよ。

島袋　昔、エコノミーでもタバコってバンバン吸ってたじゃないですか、それぐらい前の時代の話です。女のコがスチュワーデスの役で僕がパイロットで、みんなが寝静まった頃にパンパンとヤッちゃったんです。確かロス行きの飛行機だったんですよね。

飛行機の移動時間がもったいないので機内で撮っちゃおうって話になって。パイロットって肩に三本線入っているじゃないですか。僕もその衣装を着てたんですけど、そのままだと怪しい飛行機オタクが座ってるって目をつけられるので、三本線のところを折り返して帽子もカバンに入れて、普通のスーツみたいな格好に変えてたんですね。女のコもスカートさえ変えてれば、OLみたいな感じに見えるじゃないですか。

鈴木　着替えできないから、コスプレして座ってたんですね（笑）。

島袋　そうです。「みんな寝静まったから、用意しようか」って服の折り返したところ戻したりして、トイレでヤッたんです。もうメチャクチャ緊張しました。カメラは僕のハメ撮りです。当時、浅野温子が「パスポートサイズ」なんてCMしてた頃のビデオカメラですけど、それでもデカい。トイレの中で身動きも取りづらい中、なんとか撮影して。それが前半で、後半はロスのホテルでヤりました。「まさに世界を股にかけて……」とか言いながら。あんなのはもう無理ですね。

鈴木　昔はマジックミラー号とかもそうでしたけど、走ってもOKだったのが今はうるさいですもんね。

島袋 規制の問題はありますよ。あとはお金の問題。

鈴木 予算面でだいぶ違いますか?

島袋 だいぶ違います。これも15年ぐらい前の作品かな。いわゆる「お仕事もの」で、その会社なりで実際に働いてる女のコとヤルっていう。なかなかリアルOLさんが出てくれることなんてないじゃないですか。だったら、自分たちで働かせればいい!ってなって。AV女優を某ファーストフードでアルバイトさせたんですよ、1週間。本当に。

鈴木 金と時間をかけてますねぇ(笑)。

島袋 店舗に行くと、その女優が「いらっしゃいませ」とかいって、本当に仕事してるんですよ。勤務前にあらかじめ「とびっこ」を装着させといて、「じゃあ、ポテトのMと何にしよっかなぁ」とかいいながらスイッチを入れると、女のコが小さな声で「ハゥッ」って(笑)。それを1週間隠し撮りで追うんです。で、最後は女のコが「今日で辞めます」っていって、店の前に停めたマジックミラー号の中で僕とヤルんですよ。制服を着たまま。

鈴木 それはコスプレじゃなくて本物の制服ですよね。

島袋　もちろん。僕はただヤルだけなんですけど、壮大なプロジェクトの経過を知っているだけに、やたらと興奮しましたね。今は、こんなに時間もカネもかけられないから無理でしょうけど。古き良き時代のAVって感じですね。

鈴木　いろんな現場があるんですね。他に面白い現場ってありましたか？

島袋　マンコの中にゆで卵が何個入るかを試す企画がありました。殻付きのままみかんの網みたいなのに入れて、何個入ったと思います？　8個も入ったんですよ。わーすごい！　って言ってたら、取れなくなっちゃって（笑）。救急車呼んだんです。救急隊員に「あなたも乗って」って言われて、僕が付き添いで行きました。

鈴木　ハハハ！　卵を取り出した後、お医者さんに怒られそうですね。でも僕も、産婦人科の医師に今までマンコから取り出したものを聞いたことあるんですけど、卵はありました。一番驚いたのがタコ。生きてるタコは穴があれば中に入る習性があるのかな（笑）。あとはなんと花束が出てきたことがあったそうです。

島袋　なんだか夢がありますね。誕生日だったのか、お祝いがてらだったのかと、想像しちゃいます。

鈴木　面白い現場の話がいっぱい出てきますね。もう一つ気になっていたのが、AV女優って一時期はパッーと売れてもその後出てこなくなるじゃないですか。今何してるか気になったりしませんか？

島袋 なりますけど、あえてそこはほじくりませんね。一人だけ現在を知ってる女優がいて。**鮎川真理**[※10]って御存知ですか？　彼女は僕が一番絡んだ女優で、たぶん12回ぐらいはヤってる。風の便りなんですけど、某有名歌手の孫と結婚したらしいです（笑）。それはいい話でしたけど、他は聞いていません。

鈴木 20年前に絡んだ女優さんと会って、同窓会のようなことはしたくなりませんか？

島袋 僕、同窓会自体好きじゃないんです。一昨年ぐらいに初めて同窓会に呼ばれましたけどビックリしましたよ。あの高校時代かわいかったA子ちゃんが、ただのオバサンになってたんですもん。やっぱり昔のまま時間が止まっちゃってるんで、悲しい驚きばかりになるから。

※10 鮎川真理

80年代後半、人気を博した女優で、島袋氏が思い出深い女優の一人だと語る。90年に引退後は業界から離れており、結婚相手について編集部では確認できず

鈴木　わかります。僕が同窓会に行かない理由もそれです。女のコに対して勝手にガッカリしちゃうんで。

島袋　でも中には二人ぐらい、「いい感じになってるな」ってのはいました（笑）。ANAのスチュワーデスが一人いて、そのコは良かったです。

鈴木　同窓会に行くと、そこでお仕事の話にもなりそうですが、バレてるんですか？

島袋　バレてますね。上野動物園のパンダを見るような感じで、「どうなの？」って聞いてきますよ。

◉3Pでルール違反をした若手男優

鈴木　まぁ、同級生のみなさんも興味はあるでしょうね。でも、昔と比べてAV業界への偏見は減っているようには思います。最近のAV観てると、可愛いコ多いじゃないですか。僕、たまに思うんですけど、渋谷のスクランブル交差点を一回歩いた時に、すれ違った女のコの中にAV出たことがあるコが絶対一人はいるだろうなって。

島袋　うん、いますね。

鈴木　なんでこんなに敷居が低くなったんですか？

島袋 ここまで氾濫しちゃって麻痺してる部分はありますよね。昔は今よりも一大決心が必要でしたけど。

鈴木 でも、それに対して男優は70人って言われているじゃないですか。なんで少ないんですか？

島袋 女のコって顔とかスタイルじゃないですか。でも男ってそれだけじゃないんで。現代の名工じゃないですけど、一人前になるまでにそれなりに時間はかかりますよ、やっぱり。

鈴木 何が違いますか？　一流と二流の違いは？

島袋 見せ方なんですよね。女性を気持ちよくするためのテクニックは、僕らは言うほどうまくないと思っています。でも、見せ方には絶対的な自信があります。

鈴木 見せ方ってどういう？

島袋 自分は今セックスしてるんだけど、映像で自分の映ってる姿が頭の中で想像できてるんです。カメラがここにあるから、この角度ならこう映って……と、つまり視聴者の目線に立って、〝魅せるセックス〟ができるということなんです。それと同時に女優の感度も高められる。これができないとＡＶ男優にはなれません。ギャラもらってセックスするっていうのは、そういうことなんです。僕がオファーする側ならそういう男優しかオファーしないです。AV女優は素人でもOKで、実際、素人も多いですが、男優は絶対的にプロじゃないと務まりません。

鈴木　今の男優さんの中で、「ちょっとコイツは違うな」って思う時ってありますか？ギャップを感じるとか。

島袋　僕らの若い頃は、AVが手軽に見れなかった時代で、教科書がなかったんですよ。どうしたらいいのか、試行錯誤でやってきたんです。でも今の時代ってこんなに大量のAVが簡単に手に入る。いわば分厚い教科書があるような状態。それを見ながら勉強できるから最短でうまくなる。僕なんか食えるようになるまで結構時間かかった方ですから。それは自分のスタイルを模索していたというのもあるし、見本になるものがあまりなかったから、成長に時間がかかった。

鈴木　今の男優の中には島袋さんの絡みを参考にしている人も多いでしょうね。ところでそんな若い男優に説教したことってありますか？

島袋　ありますね。そいつが無知なばっかりに僕の見せ場を潰したんですよ。3Pをやっていた時に、僕は女優にハメてて、もう一人の男優がフェラチオしてもらってたんですね。で、僕がイクよっていったときに通常ならば、もう一人の男優はカメラに映らないよう外れないといけないんです。なぜかというと顔射の時にカメラが女優の顔にいきますよね。そのスペースを空けなくちゃいけないというのと、顔の前にチンコが2本あると、そのぶんモザイクが幅を取ってしまい、肝心の女優の顔と精子が見えづらくなる。

鈴木 あぁ、発射シーンが見えないだろうと。

島袋 僕はこれは基本的なことだと思ってるんだけど、彼はルーキーだったからわかんなかったんです。ここは男優としてはやり直しのきかない見せ場なんです。その時はいつまでもくわえてもらってる彼を突き飛ばして顔射に成功しましたが、間一髪でした。撮影後にその男優を呼び止めて説教しましたよ。お前なにやってんだと、これは基本だろうと。その若いのが、後にナンパシリーズでコンビを組むことになる、しみけんですよ。

鈴木 おぉ、そこで師弟関係が築かれたわけですね。

島袋 まだしみけんが新人で。叙々苑連れてって説教しました。

鈴木 おごってやりながら怒ると。

島袋　それが僕のやり方っていうかね。先輩と後輩という立場も考えて教えてあげてるっていう。でも、しみけんは「叙々苑はサラダがうまい」ってことしか覚えてないみたいで。

鈴木　ハハハ！　おごり損ですね。３Ｐする時に、この男優と一緒だと相性がいいみたいなのってあるんですか？

島袋　ありますよ。逆にまったく合わない時もある。僕が監督だったら、それは調査します。それってたぶん監督だけやってるとわからないんですよ。僕は監督をやってた時もあるし、編集もやってたことあるからわかるんですよ、野球でいうプレイングマネージャーなんで、わかりすぎちゃう、皆の気持ちが。昔の野村（克也）さんとか古田（敦也）みたいなもんなんです。

◉ＡＶ男優はプロ野球選手に似ている

鈴木　やっぱり男優と監督の目線って違いますか？

島袋　違う点はありますね。たとえば監督としては芸能人ものを撮りたいです。ありがちなパターンですけど、芸能人がデビューしちゃったみたいな。でも男優としては芸能人の作品には絶対出たくないです。もう取り巻きがすごいのわかるし。有名なグラドルのAV作なんて、現場まで怖いお兄さんがいっぱい来てますからね。そんなプレッシャーの中でヤリたくないです。でも、監督としては撮りたい。

鈴木　それは売れるからですか？

島袋　（食い気味に）そうです！　監督をやるからにはヒットメーカーになりたいんです。

鈴木　監督作品で一番ヒットしたものって何ですか？

島袋　やっぱりナンパものですね（笑）。でもそこから脱却したかったんですよ。僕は「こんなことも、あんなこともできるんだよ」ってことを示したかったんけど、やっぱ適材適所ってあるんだなって。監督ってチャレンジしづらい仕事なんです。監督は10勝0敗じゃなきゃいけないんです。今まで9回すごくいい仕事してたんだけど、最後の1回の仕事でこけたら、それが彼の評価になる。たった一回のミスが致命傷に近いんですよ。

鈴木　演出家のようですね。

島袋　これまでの9勝は何だったの、ってなる。大相撲は8勝7敗でいいんだけども、こういう世界って常に全勝目指さないと続いていかないところがあって。ものすごく理不尽だなと思います。そもそも無理ですよ、10勝0敗なんて。どんなに一所懸命やったって人間は失敗しますから。

鈴木 そういう意味では男優も失敗は許されませんよね。AV男優は厳しい世界だからこそ、人数が限られているのかもしれません。でも、一度AV男優をやるとずっとその肩書がついてまわる……僕、ぜひ島袋さんにお聞きしたいのですが、僕の周りには芸人さんがいっぱいいて、彼らを見ているとAV男優に似ているんじゃないかって思うんです。たとえ芸人を辞めたとしても、その人は死ぬまで、柩に入るまで芸人として生き続けるんじゃないかと。AV男優もその辺は同じじゃないかなって思うんですけど。

島袋 なるほど。僕の考えは少し違うんです。僕は「AV男優はプロ野球選手だ」と思ってるんです。やっぱり体力が基本なんで。20代の頃は1か月に50本ぐらいの作品に出てましたけど、当時はめちゃくちゃ鍛えてましたから。その頃は食べ物も徹底していて、ササミだけしか食わない日もあったし。ジムにも週6回通って、トレーナーを付けてやってました。多少体力の部分もあるとは思うけど、やっぱ18くらいの娘と並んでおかしくないのが理想だとは思います、明らかなじじいだと仕事の役どころも限られるし、そういう意味でもプロ野球選手と一緒で40歳くらいが過渡期なのかなとは思います。

鈴木　やはり裸になるぶん、鍛えないと。

島袋　中にはだらしない体型がウリの男優もいますけど、基本はある程度の肉体は必要です。一つ一つの絡みに集中して挑んで、そこで必ず結果を求められる。失敗は許されないんです。AV男優も野球選手も40歳を境にして体力も精神力も精力も衰えていって、50歳で現役ってなかなかいない。50歳になってもAV男優を続けてる人はもちろんいるけど、18歳のピチピチの新人女優と並ぶとやっぱり違和感があると思うんですよね。

◉〝処女もの〟は本物

鈴木　AV男優はどんなきつい現場もこなさないといけない。やはり体力勝負な面はありますよね。たとえば相手がおばあちゃんとかもありますか？

島袋　もちろん。70歳ぐらいのおばあちゃんと絡みましたよ。

鈴木　よくその仕事受けましたね。

島袋　これだまし討ちだったんですよ。事前に教えると僕が断ると思ったから、何も教えずに現場で対面したらおばあちゃんなんですよ。いや、僕、70歳だろうが80歳だろうがうまく絡もうとしますから、少なくとも事前に教えておいてくださいよって。いきなり現場に入っておばあちゃんは違反ですよ。

鈴木　そのオファーは受けたんですか？

島袋　受けたっていうか、既に現場に入ってしまっていたので。まぁ、頑張れば勃ちますからね。

鈴木　すごい。よく勃ちますね（笑）。

島袋　そこは集中力と想像力で。おばあちゃんのイイところを探すんです。手がキレイだなとか、意外と笑顔がかわいらしいんだなとか。自分をマインドコントロールするんですよ。ボクサーがリングインする前に集中してるでしょ？　あんな感じです。

鈴木　相手を教えてくれない現場って結構あるんですか？

島袋　今はたぶんないです。現場がメチャクチャになってしまいますから。

鈴木　でも昔はあったと。

島袋　ザラにはないですけど、まぁ、ありましたね。そういえば変わった監督がいました。

10年ぐらい前かな。AV監督の安達かおるさんから電話がかかってきて。忘れもしないですよ、あの電話だけは。「顔も見たくない！」ってくらい僕のことをメチャクチャ嫌いな女優がいるんですよ、安達さんが、「島袋くんその女のコと久々に会ってケンカしてくれ。それ撮るから」って。いやいや僕も嫌われてるんだから会いたくないじゃないですか。ケンカもしたくないですよ。

鈴木 ケンカのシーンを撮りたいんですか？　AVで？

島袋 まずケンカして罵り合いをして、その後で絡んでくれって（笑）。「いや、無理ですよ！」って。恋人でもなんでもない、ただ嫌いな人と本気のケンカして、その後に抱くなんて、どんな精神状態なんですか？　どうやったら勃起するのか逆に聞きたかったですね。もちろんオファーは断りましたよ。僕が嫌いならまだ成立するんです。向こうが嫌いって精神的にキツいですよ。しかし、安達監督は僕のことをどんな人だと思ってたんだろう（笑）。

鈴木 男優と女優の間に好き嫌いってあるんですね。逆に島袋さんがAV女優にキレたことはありますか？

島袋 昔はムチャクチャな娘も多かったから、キレるというか怒る事もありましたが、最近はないです。でも、おかしなことをする女優っているんですよ。その時はさすがにムカつきましたけど。見てる人はわかんないけど、たまに誰にもわかんないように手を抜く女優がいるんですよ。

鈴木 撮影中にどういうふうに手を抜くんですか？

島袋 たとえばフェラのシーンで、ちゃんとやらないんです。回りのスタッフから見たらちゃんとやってるように見えるんですけど、それは舐められてる僕にしかわかんないことなんです。

鈴木 彼女の目的は何なんですか？

島袋 僕に失敗させたくてやってるんです。萎えるようなフェラをして、「勃ち待ち」にして恥をかかせたいんじゃないでしょうか。真実はわかりませんでしたが、たぶん僕のこと好きじゃないんでしょうね。でも、誰にもバレずにフェラの手を抜くって、そっちの方が高等テクニックですよね（笑）。

鈴木 そういう当事者しか知らない裏情報って興味あります。ＡＶのジャンルで「処女の」ってあるじゃないですか。あれは本物なんですか？

島袋 本物ですよ。あれは絶対作りこみできないんで。結構いい年の人が多いですよね。

25歳とか。きっかけ作りなのかもしれないですね。

鈴木　おばあちゃんとどっちがいいですか?

島袋　絶対処女がいいです！　何の喜びもないですもん、おばあちゃん。処女なら僕のこと絶対忘れないでしょうし。

◉時効だから言える「AV女優の口説き方」

鈴木　おばあちゃんとか、勃たないフェラする相手にもしっかりと勃起してフィニッシュするって、本当にプロですよね。さっき、おばあちゃんのいいところを見つけるとか、相手から欲情するポイントを探すとおっしゃってましたが、やっぱり女優と絡んでると情というか恋に発展することもあるんですか?

島袋　女優との恋愛は御法度です。でも、結構あります（笑）。

鈴木　不思議なんですけど、セックスをしてから恋が始まるわけですよね?

島袋　そうですよ。だから楽ですね。ヤればその女性の性格から何からわかりますから。絡めばだいたいわかります。僕の頭と体の中にはデータが蓄積されていますんで。

鈴木　占い師みたいですね（笑）。

島袋　こんなセックスをする女性はこうなんだって、この性癖はこうだとか、当てはめていくと、だいたい当たってるんですよ。僕が決め付けたんじゃなくて、データに当てはめていくとわかるんです。

鈴木　どうやって口説くんですか？

島袋　ええっ？　そこも聞きますか。

鈴木　もちろん言える範囲で結構ですよ（笑）。帰りに飲みに行こうって誘うんですか？　電話番号聞くにも他の人の目があるじゃないですか。昔はどうやって口説いていたんですか？

島袋　帰りの移動車の中とかですかね。昔は帰りの移動車が一緒ってこともよくあったので、そのタイミングで……。

鈴木　番号聞いたり？

島袋　まぁ、そうですね（笑）。

鈴木　男優さんと恋に落ちることはメーカーさんやマネージャーさんが嫌がったりしないんですか？

島袋　もちろん御法度ですよ。だから絶対バレないようにしましたよ。僕そういう能力だ

け は長けてますね。絶対に誰にも言わない、口が固そうな女優しか口説かなかったですし。だから大事になることはなかったです。もちろんだいぶ昔の話で、時効だから言ってるんですけどね。

鈴木 プライベートでセックスするときは興奮するんですか？ 既に仕事ではセックスしてる女優さんでも違うものですか？

島袋 興奮はしますね、やっぱり。仕事とは違う感覚なんで。

鈴木 AV男優さんのプライベートのセックスって気になります。

島袋 普通ですよ。仕事でいろんなことやってるから、やりたくないんです。普通にしたいんです。

鈴木 過去に付き合っていたAV女優と同じ現場になることもあったわけですよね？

島袋 それは避けましたね。さすがにきついですよ。メンタル的にちょっとおかしくなるというか（笑）。やっぱりそのへんは普通の人間なんで。やりたくない。

鈴木 女優とすごい大恋愛したことはないんですか？ 彼女がAV女優をやっていることさえ嫉妬してしまうみたいな。

島袋 それなりに深い恋愛はしたことがありますが、嫉妬というのはなかったですね。だって出会いがAVなんで。僕が付き合ってから彼女がAV女優になったというなら話は別ですよ。違いますから。そういう感覚ではないです。だからちょっとおかしいんですよ、普通の人とは違うんですよ。

鈴木　すごく基本的なこと聞いちゃいますけど、そもそも仕事のセックスも気持ちはいいんですか？

島袋　いい質問ですね（笑）。気持ちはいいですよ。ただ僕の場合はプライベートの3割減にはなっちゃいます。どう冷静に考えてもカメラがあるってのは意識しますよね。どんなに長いことやっても。気分が全然違いますよ。やっぱりカメラがなくてリラックスした状況でするセックスのほうが気持ちいいです。

◉引退は……しません！

鈴木　実はテレビって観る人がどんどん減っているんですが、AVはいつまでも求められるものですよね。

島袋　そうですか？　今の若い人は観てないですよ。

鈴木　どうやってオナニーしてるんでしょうね？

島袋　アニメとか？　わかんないですけど……僕、セルショップで誰が買ってるのか調査したことがあるんです。そしたら30代後半から50代前半くらいが一番多かった。20代はほとんどいませんでした。

鈴木　じゃあ、昔みたいに3本借りて、1本目でいこうかどうかチンコ出して悩むみたいなのって、もうないんですね。

島袋　そういう感覚はもうないと思います。

鈴木　もし自分が死ぬときに棺に一本だけ作品を入れられるってなったら、デビュー作ですか？

島袋　……逆に入れないでくれって言うんじゃないかな。

鈴木　えぇー？　じゃあ、ショーパブで働いていた時に戻れるとしたら、もう一回この仕事をやりますか？

島袋　絶対やらないです。もっと効率のいい仕事します。仕事っていっぱいあるわけじゃないですか。「何でこれなの」って思いますもん。あの時は選択肢が少なかったから、たまたまAV男優を選びましたけど、今の考え方なら絶対に選ばないです。ちょっと前に話題になった「秒速で稼ぐ」みたいな仕事を目指しますよ。

鈴木　AV男優としての完全な引退も考えているんですか？

島袋　でも引退はしたくないんです。ヤラシイ話、思いのほか、人が寄ってきてくれる便利な肩書きなんです。だから在籍はしておきたい。全盛期は月に40本、50本出てましたけど、今は月に1本か2本ぐらい。趣味程度に楽しみながら、まったりと男優は続けていきたいですね。

鈴木　もし70歳になって、ナンパものの声が掛かったらどうします？

島袋　いや、それは無理ッスよ！　僕もさすがに空気読みます（笑）。

島袋 浩さんと話して感じたこと。

島袋さんは男優さんの中で唯一、「もし生まれ変わっても今の仕事をしますか？」という質問に対して、「しない」と答えた方でした。

たまたまの流れでAV男優になった島袋さん。他の男優さんと違うのは、女優さんを超えてしまった部分があるということ。島袋さんは1990年代に大ヒットしたナンパシリーズで、男子たちのひそかなスターとなりました。AVの中で、主役は女のコではなく、ナンパを仕掛ける男優さんであり、その中でも島袋さんは特に目立っていました。僕だって、どんだけ島袋さんを応援したか。「よし、そいつのパンツ、めくってくれー」とかね。しみけんさんも出ていたけれど、やっぱり島袋さんのキャラクターが良かった。

しかもね、一番AVが売れてた時代だと思うんですよ。AVバブル時代。その時代に、ど真ん中を駆け抜けた島袋さん。

男優さんが女優さんを超えてしまうことって、AVを観る側からして、時には邪魔になることも多いはずです。ナンパものだったらいいけど、そういうもので一度目立ってしまった男優さんが単体もので絡んだりしてると、どうしても気になってしまう。女優さんが観たいのにね。

森林さんは、男優として目立ちすぎないよう気を付けている感じがしました。それはこの世界でずっとやっていくための知恵なのでしょう。

島袋さんにそういう葛藤があったのかどうかわからないけれど、ただね、島袋さんという人には、哀愁が漂う気配を感じました。その哀愁というのは寂しさとか切なさだけではなく、人間臭さというか。今回取材させていただいた5人の中では、一番人間臭かったかもしれません。

島袋さん、今はAV男優としての仕事はあまりしてないらしいです。自分から引いていったのか、減って行ったのかはわかりませんが、ただ、今もなおやっている仕事は、AV男優だからできるお仕事であり、そこを楽しんでいる感じもします。

島袋浩というAV男優の50代に入ってからの生き方、注目しています。いい枯れ方をしながら、島袋さんにしかできない仕事をして、走っていってほしい。その生き方が、後輩たちに勇気を与えるんじゃないかと思っています。

みなさんは、近くにいる50歳以上の男性で、「この人の生き方、真似してみたいな」と思う人、いますか？

Chapter

4 VS カンパニー松尾

かんぱにー
まつお
PROFILE

1965年生まれ。1987年、テレビ制作会社の倒産を機にAVメーカー「V&Rプランニング」に入社。この時、まだ童貞だったという。翌年に監督デビュー。ハンディカムを持ち〝ハメ撮り〟を開始。女性の下着を完全に脱がさずに挿入する〝着衣ハメ〟を好む。1996年、V&Rを退社しフリーの監督となり、2003年には自身のメーカー「HMJM」を立ち上げる。代表作として『私を女優にして下さい』、『テレクラキャノンボール』など。

◉頭の中でセックスピストルズが鳴った最初の現場

鈴木　監督の『テレクラキャノンボール劇場版』、テレビ業界でもすごい話題でしたよ。『めちゃイケ』でナインティナインの岡村（隆史）さんが真似してましたしね。久しぶりですよ、テレビがAVをパロるなんて。

カンパニー松尾（以下、松尾）　ありがとうございます。

鈴木　そもそもこの業界への入り口はどちらなんですか？

松尾　安達かおるさんの**V&Rプランニング**[※1]です。22歳の時、もともと勤めていたテレビの制作会社が倒産して、ADが足りないからと誘われたんです。最初の現場で衝撃を受けました。「男優が来ない」って安達さんが呟き始めるんですよ。「これ〜な」って。でも、女優は縄師によってドンドン縛られていくんです。で、安達さんがカメラマンと目配せしたかと思うと、急にフレームインして、

※1 V&Rプランニング

AV監督の安達かおる氏が率いる老舗メーカー。安達氏は「鬼のドキュメンタリスト」という異名を取るカリスマ監督で、松尾氏は彼の影響をかなり受けている。画像は安達氏の最新作だが、かなりのハードコア作品

女の顔を平手で叩いたんです。「てめえ、この野郎！　おめぇはこういうのが好きなんだろー!!」って。それを見て、「これがAVの演出なのか？　テレビと全然違う！」って驚いて。この時、中学生の時に聞いたセックスピストルズが僕の頭の中で鳴ったんです。もう一回パンクが始まっちゃった。安達さんは過激なところがあるんですが、実は育ちが良く、帰国子女のバイリンガル。本来は紳士な方なんです。現場に入る前には入念に準備した上で、思いっきりやっちゃうんです。

鈴木　演者が来ないのも女優に対する演出だったと？　すごい！

松尾　いや、それは本当に来なかっただけみたいです（笑）。来ないもんだから、即興で予定にはないオープニングシーンを作ったんです。遅れてやってきた男優がまた優男で、コイツ大丈夫か？　っ思ってたら、監督に「やれ」と言われたらすぐにパンパンってやれちゃう人で。初めての現場でそういうAVのダイナミックさに触れて、衝撃を受けたと同時に惹かれちゃった。ちなみにその時、僕まだ童貞でした。

鈴木　童貞喪失が遅かったとは聞いていました。

松尾　初めて生でセックスに触れたのが、牢屋の中で縛られた女性を男優が犯してるシーンだったんですね。あぁ、セックスってすげーなって（笑）。

鈴木　それは衝撃的ですね（笑）。なんで童貞だったんですか？　それまで。

松尾　僕はこんな職業でありながら、どちらかといえば女性は苦手です。田舎が愛知県なんですけど、校則に男女交際禁止っていうのもあって、僕の周囲の人たちも男女交際が盛んじゃなかったんです。性格的にも環境的にも女性と触れ合う機会が少なかったのも一つの理由かと思います

鈴木　AVの中で童貞を失ってるんですか？

松尾　いえ、AVの撮影ではないんですけど、相手は女優さんではありました。たまたま現場で知り合った女優さんを車で送る最中に、「僕、童貞なんですよ」って告白してしまって。アピールしたわけでもなく、なんとなく話の流れで。彼女は童貞に興味があったらしく、運転している僕のチンコを、マジマジと見つめて、触ろうとしてくるんですよ。

鈴木　そんなAVみたいな（笑）。

松尾　その方はヤリマンで有名だったらしいんですが、当時の僕は知らなくて。「やめてください」って拒否してたんです。「電話番号を教えろ」とも言われましたが、それは御法度なんで、もちろん拒否。「もう、真面目ね！」とか言いながらも結局は

僕の名刺を奪われて、翌日、会社に電話があって「デートしましょう」と。それでデートして童貞卒業してしまったんです。

鈴木 めちゃくちゃエロかったですか？

松尾 それが淫乱女優で有名な方だったんですけど、プライベートではいちご柄の可愛いパンツをはいていて衝撃を受けました。会話の内容も普通で、ただのイイ人だったんです。プレーの内容は……2こすり半でイッたのでよくわかりませんでした。

鈴木 初めてで淫乱のAV女優が相手だと、緊張とか期待感で、そうなりますよ。

松尾 でも、彼女は「卒業おめでとう！」って寿司をおごってくれたんですよ。不思議なもので、次からは落ち着いてできるようになっていました。「たった一回のセックスでこんなに変わるんだな」と。あの女優さんにはものすごく感謝しています。

◉撮りたいのは〝女優の手前の彼女〟

鈴木 そこがAV監督へのスタートだったわけですね。カンパニー松尾監督といえば、僕の中ではハメ撮りとドキュメンタリーAVの第一人者という印象です。ハメ撮り作品を撮ろうと思ったのはどういう経緯で？

松尾　ハンディカムが出始めの頃、林由美香という女優と恋愛関係になってしまって。

鈴木　あの映画**『監督失格』**※2の。

松尾　そうです。由美香を初めて撮った時の僕は監督として1年経ったぐらいで。彼女の作品は2、3本撮らせてもらったんですけど、結局好きになっても、僕じゃなくて男優がセックスしてるんですよ。好きだったにもかかわらず、終わった後に「どうだった?」って聞いてるわけですよね。それで編集してる時に、「なんで俺、こんなことしてるんだろう」ってうまく消化できなくて。それなら自分でやってみたいと思ったんです。自分で撮ってヤッて、女優に対する自分の視線を一本化できると思って始めたんです。

鈴木　そこから素人女性をハメ撮る監督の代表作**『私を女優にして下さい』**※3シリーズにつながっていくと。

※2
『監督失格』

2005年に亡くなった林由美香と不倫関係にあったAV監督、平野勝之氏のドキュメンタリー映画。松尾氏は両者の仕事仲間として大きく作品に関わっている。同作のプロデューサーは庵野秀明氏、音楽は矢野顕子が担当

松尾 そうです。それ1991年ですから。

鈴木 最初の場所はどこですか?

松尾 はっきりとは覚えてないですが、新宿、福岡、北海道あたりだったたと思います。

鈴木 僕は高校生、大学生の時にそのシリーズをよく見てました。あれって応募なんでしたっけ?

松尾 一応応募ですね。でも100%ではないです。3人の女性を揃える中で、完全に応募に頼ると、大根みたいなのばかりが並んじゃう可能性もあるんで。パッケージの見栄えも考えて、一人ぐらいはその地方のプロダクションに頼んで、AVに出たことのない女性で、出演願望がある人をセレクトしてもらって入れていました。

鈴木 応募の女性って実際にAVに出るつもりで撮影現場に来てるんですか? それとも気持ち半分くらい?

松尾 出るつもりで来てます。あの頃はまだパソコンもなくて、

※3
『私を女優にして下さい』

AVデビューを望む素人女性を松尾氏がハメ撮りする企画物。現在もV&Rとは別レーベルで続編が松尾氏によって制作されている。二作目に登場する〝宮崎の葉山レイコ〟こと宮崎レイコは、その美貌から人気を集めた

手紙をいただいていました。ＡＶメーカーってわかって送ってきてるんで。本当の応募で来ている方で、美人のコはいましたよね？

鈴木 『私を女優にして下さい』シリーズって、メチャクチャありますよね。

松尾 ビックリするような美人がいましたよ。それがヒットするんですけど、宮崎レイコさんっていう九州の方は、「お金ではなく、純粋に自分の裸を若いキレイなうちに残しておきたい」という理由で。本当かなと勘繰っちゃったりしたんですけど、純粋にそういう方でした。これは実際に売れましたね。

鈴木 そういうガチな素人が出ているのが好きでした。僕がＡＶをよく見ていた大学生時代に一番ハマったのがこのシリーズなんです。聞きたいのですが、監督はＡＶに出たいという素人女性を撮る時、どこに気をつけてますか？

松尾 その人の素に近いところを残したいと思ってます。僕は監督として、事前に面接してるから、ＡＶデビューする前の素の彼女を知っている。そこで彼女に魅力を感じて撮ろうと。でもスタジオでメイクして照明を入れて、「はい、スタート」ってやると、初めての素人でも皆同じになっちゃうんですよ。もう女優に変わってるんです。僕が撮りたいのは女優の彼女じゃなくて、〝女優の手前の彼女〟なんです。だから、その人の住んでいる地方に行くなりして、少しでも日常の中にいる彼女を撮るようにしています。

◉ハメ撮りのルール

鈴木 監督の作品からは、その感覚をメチャクチャ感じます。では演出面のルールはありますか？　監督のイメージでいうと、パンツはなかなか脱がさないじゃないですか。

松尾 一応はあります。世代の違いかもしれないんですけど、女性器そのものに興味がないんです。そのものが苦手なんですよ。パンチラとか胸の谷間が好きで、ブラジャーをしているおっぱいが好きなんで。基本は着衣がいい。

鈴木 それも作品から伝わってきますね。

松尾 「服をいかに脱がせないか」ってのには、こだわっています。着衣のままなるべくやりたいですし、女優さんであるという意識をなるべくなくしたいという思いもある。カメラ目線もするなと女のコには言っています。「必ずイク必要もないので、そこは気にしなくてもいいよ」とも。普通に接するということですね。

鈴木 でも、普通にしすぎると女性がいまいちエロくならない場合もあると思います。特に応募の場合は。

松尾 ドキュメントとしてはそれでもいいんですが、AVとしてという問題があるじゃないですか。ハメ撮りじゃなければ、監督という立場から女のコに「エロくしてくれ」と指導するかもしれませんが、ハメ撮りは僕との絡みなので、監督然として抑圧的な態度は取るべきじゃない。では、どうするかというと「僕はもうおチンチンが勃っている」とアピールしたり。もうちょっと遠まわしに言うと「僕は君といるだけでこんなに興奮してる。こんなふうになっちゃうんだよ」っていうのを恥ずかしげもなく見せてやるんです。

鈴木 君でこんなに勃ってるんだよ、と。その場の雰囲気をエロく盛り上げていくわけですね。

松尾 そうです。それでもエロメーターが上がってこないと辛いですけど。女性に対して「もっとこうして」なんて言っても、言われたらもう演技になっちゃうじゃないですか。そうじゃなくしたいんですよ。事前にこんな絡みをしますとも言いません。女性にそんなに説明をしないまま、僕がやってほしくないことだけを説明した上で、ヤッちゃいますね。最悪結果が伴わなければ、それは仕方ないと思っています。

鈴木　今まで特に印象に残っている女性っていますか？

松尾　切ない話なんですけどね。若い頃はすぐにハメ撮りした女性を好きになってしまっていたんです。茨城に住んでる元美容師のハニーちゃんという女性でした。すごい純粋なコで。美容師を辞めたばかりの時に僕のAVに出てくれたんですけど、もう好きになっていて、電話番号を交換してしまったんですね。

鈴木　あぁ、よくない予感がしますね（笑）。

松尾　すぐ後に彼女から電話が来て。携帯電話がない時代で、会社にかかってきちゃってたんですね。僕はブラジルロケで会社というか日本にすらいなかったんです。彼女からは僕がいない1週間に3回くらいかかってきてたみたいで。ブラジルから戻って会社についたら伝言があって、ハニーちゃんからで「電話をください」と。知らない電話番号のメモがあって。

鈴木　すぐ電話しますよね？

松尾　もちろん。電話したら彼女が出て、家出をしてきたと。それで「東京の上野に着いてすぐにあなたに電話をしました。知ってるのはあなたしかいなかったから」と。

鈴木　でも、つながらなかった……。

松尾　だから「寮完備のキャバクラみたいなところに行っちゃった」というんです。場所はどこだ？　って聞いたら小岩だっていうんで、「そこキャバクラじゃなくてピンサロだろ！」って言ったら、「……はい」って。AVに出てもらっておきながら、ピンサロで働かれることに不満で。

鈴木　男の身勝手な心理ですけど、わかります。

松尾　それで「今夜会おう」と約束して電話を切ったんですけど、待ち合わせの場所に来なかったんです、彼女。それから電話に出なくなって。しばらく後に同僚のバクシーシ山下に協力してもらって、彼にお店に電話して呼び出してもらったんです。山下が電話したらのこのこと出てきて。そこでようやく話を聞いたら「もう今はこの生活でいいやって思ってる」と……。軽い失恋です。あの時、ブラジルロケに行ってなければ、と相当後悔しました。しょうもない話ですけど。

◉AV女優の基本コースを壊したかった

鈴木　監督は一般の女性以外にも、単体のAV女優も撮られていますけど、ぶっちゃけ単体女優を撮るのは少し退屈ですか？

松尾 そんなことはないですよ。単体女優を撮る場合は、そのコの良さを探して自分にしか撮れないものを撮る楽しみがあります。まずマネージャーを外して、スタジオではなくて公園で女優に話を聞くんです。AV女優のプロフィールって作られた物が多いから、リラックスさせて本当のセックス観を聞き出す。昔、性体験が豊富でハードなプレーができるのに、男性経験を1人にさせられて清純派でデビューしたコがいたんです。逆に辛いですよね。本来セックスに対する価値観は人それぞれなのに、デビュー後は、ぶっかけ、中出し、レイプって順を追ってAVの基本コースにオートマチックに乗せられる。僕はそれを壊して、彼女たちが持っているセックスの才能をフルに出させてあげたいんです。

鈴木 そういう意味で、思い出深い単体作品ってありますか？

松尾 少し前ですが、**原紗央莉**[※4]ちゃんの撮影は面白かった。デ

※4 原紗央莉

祖父がドイツ人のクォーターである女優と松尾氏が二人でドイツ旅行にでかけるという内容。長めのインタビューで自身のルーツなどを語った後、Mっ気全開のハメ撮りへ。そのギャップがエロ過ぎると評価が高い作品

ビュー前後の話をジックリ聞くと、セックスに対して思い入れや経験もあるし、男性にすごく尽くす人だとわかって。わざわざドイツまで二人で旅行してドキュメンタリー風にして撮ったんです。ものすごく長いインタビューも入ってるんですけど、それがいい感じにセックスへの序章になって、彼女のスケベな部分がメチャクチャ出たと思います。

◉今のバラエティはAVに影響されている

鈴木 原さんはエロいですよね！ 僕も好きでした。僕、監督の作品が好きな理由を考えた時、セックスの前の口説いているくだりだったり、世間話をしていたりとか、人間味も描いているからだって思ったんです。その人間味を感じさせた上でセックスすると。そこにギャップがあるからエロいと感じるんです。僕が観たいのはその女性の〝人生と性癖〟なんです。でも、単体だとエロいとかキレイだけを前面に出して、ギャップをあまり感じないんですよ。

松尾 そうですね。ただキレイな女性がエッチな絡みをするだけじゃ、僕は物足りないんですよ。美人じゃない、外見も普通、そういう人が実はエロいと勃ちますよね。

鈴木　わかります！　「近くにいる女性がどれくらいエロいか」っていうのが一番興味があります。

松尾　それを見せるためにドキュメンタリーのような手法で人間を描いていくわけです。

鈴木　テレビの話ですが、ある時からドキュメンタリーが主体になってきたバラエティが増えたんですすね。僕自身もカメラを持って対象と向き合うことがあるんですけど、これは嘘偽りなく、カンパニー松尾さんの影響を受けています。高校の時もそうですけど、やっぱり20代前半で観たものって、テクニック論としても強烈に勉強になってるんです。

松尾　まぁ、小さいハンディカム持っていろんなところで撮ってというのは、AVは早かったですから。90年代前後のハンディカムはまだテレビの規格に合わなくて、オンエアには使えませんでした。でも僕らAVは予算が少ない方がいいというのと、荒い画質が逆にエロいと感じることもあって、導入が早かったですよね。

鈴木　あと監督の〝脱がさないエロさ〟も参考になっています。これはお笑いでも一緒だと思っていて、バラエティ番組で素人に出てもらうとき、ただ彼らが転んでも面白くはなりませんよね。彼らが追い込まれていって、どう感じているか、どう行動しようとしているか、その過程が面白いのであって。

松尾 僕はセックスシーンで抜いてるわけじゃなくて、その前の着衣の状態でおっぱいを揉んでる時に抜いちゃってるんですよ。自分のAVを観ていても、セックスまでたどり着かずに抜いてしまいますから。でも、それがいいと思ってるんです。

鈴木 自分で作ったものってエロいですよね。ハメ撮り日記ですもんね。

松尾 そうです。僕の基準は「自分で抜けるかどうか」なんで。監督でも2パターンあって。作品でまったく抜かない人と、抜く人と。僕は自分が抜くためにやってるだけですからね。そう言うと怒る人もいるかもしれないですけど。だから、僕の好きなストッキングやミニスカートを履かせて。女子高生だろうが、学校の先生だろうが、なんだろうがいつもTバックを履かせます。

鈴木 監督はTバックを横にずらしての挿入、多いですよね。あれエロいです。

松尾 これは僕のオナニーなんです。僕が好きだからそうしてるだけで。だから最高ですよね。お金もらって自分の好きなことしてるわけですから。最高の仕事をしてると思ってますよ。女優さんも自分で面接して選んでますから。僕、宣材だけで決めないんで。必ずお話をさせてもらうんです。

鈴木 そう聞くと、羨ましくなりますね(笑)。

松尾 ただ、僕の場合は自分ドキュメントになってる部分もあります。たとえば、僕はプロ野球の中日ドラゴンズのファンなんですけど、1994年の巨人との10・8決戦に、出演しているAV女優を連れてナゴヤ球場まで観に行ってるんです。僕の作品には僕の周りで起こったことを全部取り込んでいきたいんで。僕の感情だったりも含めて。だから、僕の好きな試合を一緒に観に行こうと。この時も7回裏に球場のトイレでハメ撮りしました。

鈴木 すごい！ あの日本中が注目した、緊迫した試合の中で！

松尾 バレたら大変なことになりますけどね。くだらないかもしれませんが、僕にはこの手法しかないと思ったんです。V&Rには安達かおる、平野勝之、バクシーシ山下と強烈な作品の作り手がいたわけです。彼らは女優を極限まで追い詰めるような演出をしてましたけど、僕は彼らと同じことはできないから。

◉絶対ネタバレ禁止のテレクラキャノンボール

鈴木 自分ドキュメンタリーになっているという批判もありながらも、そういう手法にこだわり続けていると。でも、その結果、『テレクラキャノンボール』[※5]のようなムーブメントを巻き起こすような作品も生まれていますよね。あれは、どういう経緯で生まれたんですか？

松尾　最初は1997年。そもそも僕はバイクが好きなんですけど、ツーリングとかする時間がなくて。というか、一度もツーリングしたことがないんですけど。天邪鬼なんですよ、バイクは好きなんですけど、バイクに乗ってる人は大嫌い（笑）。休日に高速道路とかでツーリングの大群を見ることありますよね？

鈴木　ありますね。ハーレー・ダビッドソンの集団とかよく見ます。

松尾　バイク乗るのに、つるむ必要あるのかよ、と。僕はそういう奴らを鬼のような顔をして抜かしますからね。まぁ、それはいいんですけど、時間がないから一人でもツーリ

※5
『テレクラキャノンボール』

バイクや車で旅をしながらテレクラで女性を何人ゲットできるかを、監督や男優と競い合う企画物AV。1997年に始まり5回目となる2013年大会が劇場公開されると、各地で話題沸騰した

ングに行けないわけですよ。だったら仕事にしてしまおうと。好きなバイクで地方をツーリングしながら、当時盛んだったテレクラで女性と捕まえて……と。

鈴木 90年代のテレクラはすごかったですからね。

松尾 で、AVの監督や男優でバイク乗りばかりを集めて。なんで競争になったのかわからないけど、レースにしたんです。とはいえ最初の頃は勝ち負けはそれほど気にしていなかったんです。のんびり走りながら、美味しい名産品を食べたり。それが大会が続くにつれて変わっていったんです。

鈴木 今じゃ、激しい競争になっていますもんね。

松尾 3回目の1999年にバクシーシ山下を呼んでしまったところから地獄絵図になったような気がします。山下というのは非常に負けず嫌いで、ルールも作っては壊していくんです。もともと体育会系ではないので「やったるで！」みたいなノリはないんですけど、やりはじめるとそれなりにムキになるタイプで。それでルール作りが厳密化していきました。徐々にヒートアップしていって、2013年までに合計5回やってます。

鈴木 テレクラもあったりナンパもあったりしますが、女性の調達方法はガチですか？

松尾　そこはガチです。仕込んじゃうと面白くないです。

鈴木　そうですよね。

松尾　やっぱり勝った、負けたの世界なんで。絶対仕込みはしませんし、したらカッコ悪いと皆思ってるので。だから、２０１３年版の最新作でも、大の大人６人が昼の11時に北海道の札幌に集合して「よーいスタート！」と同時に勢いよく駆け出していくんです。

鈴木　カメラ持って大急ぎで車に乗りこんで。この２０１３年番が劇場版になっていますけど、これは、いわゆるロマンポルノ映画館ではなく、一般の映画館で上映された。スゴいことですよね!!

松尾　ミニシアターですけど。

鈴木　過去のテレクラキャノンボールはＤＶＤでも発売されていますが、売れ行きはどうですか？

松尾　ぶっちゃけ、そんなには売れていませんね。R18が付いちゃいますから。ＴＳＵＴＡＹＡの映画コーナーに行けばいいんですけど、ちょっと無理っぽいですね。

鈴木　まあ、それは難しいでしょうね（笑）。

松尾　劇場版はコアな層にウケていて、結構長いこと劇場で上映されているんです。アンコール上映もあって。でも、内容はあまり知れ渡っていない。なんでこんなふうになってるかっていったら、お客さんと「ネタバレ禁止」っていうお約束をしてるんです。劇中に邦画では絶対に観たことないシーンが出てくるんですよ。

鈴木　どんな？

松尾　まぁ、それは観てのお楽しみなんですが、言ってみればグロイ系ですね。それを「Ｔｗｉｔｔｅｒとかブログでは絶対に書かないで」っていう約束をしてるんです。それは話題になりたいがために言ったのではなくて、単純に観る前に知ってしまったらつまんないからなんです。お客さんを限定してしまうから。実は、その部分が一番面白いんですけど、書けないんですよ。内容について書けないから、ネット上の評価も「感動した」とか、「泣けた」とか、「爆笑した」とかという断片的な表現が多いようですけど。

鈴木　劇場で拍手が起きたそうですけど。

松尾　それは実際に起きたようですね。最初は何を観させられてるのかわからない状態なんですけど、中盤から後半にかけて、「この人たちはどこまでいっちゃうんだろう」

みたいな緊張感も生まれる展開になるんです。これも意外だったのですが、女性客が多くて驚きました。レイトショーだったし、ヒットなんて特に狙ってなかったんです。「女性軽視」みたいな突っ込みを入れられると嫌だなとか思ってたんで、早めに切り上げようとすら考えていたんです。でも、実際は観る人側が強かったというか。

◉極論は抜けなくてもいいんです

鈴木　監督の作品はAVのようでAVじゃないというか。そういうところありますよね。

松尾　本来AVって幅が広くて、自由だと思ってるんです。女性を裸にしてセックスさえしていれば何やってもいいんですよ。安達さんは「人間とは何なんだ」みたいなことを真剣に考える人で、常識や既成概念を外すためにSMを用いたり水中でセックスしたり、そういう理屈だったんです。抜ける抜けないは気にしてなかった。お金をかけて情熱も注いで、その結果、何ができたのかというと、女優のNGを外すことだけだったりするんですけど（笑）。しかも2日もかけて。女優のNGなんてお金で買えるんですけどね。

鈴木　嫌なんですね。お金に頼るの。

松尾　そうなんです。でも、女優によっては時間かけて説得してもダメな場合もあるんです。「私、アナルは絶対NGです」みたいな。そしたら安達さん、最後は女優を蹴って「てめえ、バランバランにしてやるぞ！」って言い残して帰ったんです。2日間一生懸命、口説いてて、言うこと利かないと怒って帰るという。

鈴木　えぇー！　蹴るんですか（笑）。

松尾　はい（笑）。まぁ、AVは何に挑戦してもいいと思うんです。僕も東日本大震災に関するものが撮りたくて、**震災から一か月後に実家周辺が被災した女優と一緒に被災地に入ってハメ撮りした作品も撮ってます**[※6]。「震災」という文字を入れると「VSIC（ビジュアルソフト・コンテンツ産業協同組合）」というAVの倫理審査団体に弾かれるので、入れていませんが。日々、AVを撮る中

※6
震災から一か月後に実家周辺が被災した女優と一緒に被災地に入ってハメ撮りした作品も撮ってます

当該作品は、愛咲れいら『恥ずかしいカラダDOCUMENT』（2011年）。震災から1か月後、宮城県出身の女優と共に被災地を訪問。変わり果てた故郷を見た彼女の変貌、そしてその後に繰り広げられる剥き出しで生々しいセックスは見物

で、季節が変わったとか、そういう身の回りの出来事をなるべく織り込むようにしていて、その一つとして震災も撮ってます。

鈴木　抜けなくてもいいなんて、大手のAVメーカーで活躍する監督は、まず考えられないでしょうね。

松尾　大手メーカーのプロデューサーってマイナス査定なんですよ。納期を守れなかった、書類の不備があったとかのマイナスはあるけど、面白い物を作ったという査定項目はない。評価されないんです、面白い物を作っても。そうなると無難な平均点ばかり狙いますよね。

鈴木　組織化、企業化していくと冒険はできないんでしょうね。

松尾　もともとAVなんていうのは、変な人たちの集まりだったんですけどね。それが今や企業化しちゃって。僕なんかはAV業界はだらしのない人間の集まりであってほしかった。

◉バクシーシ山下にだけは嫉妬した

鈴木　今は、ご自身の会社を持たれていますよね。『ハマジム』という。

松尾　はい。V&Rに9年いて、フリーでも9年。今の会社では11年目です。

鈴木　会社を立ちあげた理由はあるんですか？

松尾　フリー時代に仕事をしていた母体がここなんですよ。それを会社組織にしたんです。フリーの時は、山下とカメラマンとで一緒にやってて。事務所を作らないといけないじゃないですか。だいたいAV業界で会社を作るとなると、「ビデオなんとか」とか「ビジュアルなんとか」という名前が多いんですけど、ダッセーなと思ってて、僕らひねくれ者なんで。一緒に仕事やってるスチールカメラマンの事務所が「浜田写真事務所」で、とりあえずそこに入ろうと。意表をついて。

鈴木　最初は浜田写真事務所だったんですか？

松尾　そうなんです。ずっと略して〝浜事務〟って呼んでて。で、会社にするときにも「短いほうがいいから『ハマジム』ね」の一言で。

鈴木　なるほど！　謎が一つ解けました。

松尾　ビデオ屋さんだけが集まってても面白くないので、浜田さんという人と僕ずっと仲良かったんで。監督とばかりいてもダメなんですよ。僕と山下は方向性が違って仲いいですけど、でも普通はどっか1つ遠慮があるんですよね。監督同士って。しゃべりづらいんですよ。僕と山下はそんなことはないですけどね。相手のことを否定しちゃうと、後々やりづらくなることもあったりするんで。でも、カメラマンという違う立場の人がいたら、まとまるというか、一つワンクッションおけるというか。

鈴木 山下さんはやはりライバルであり盟友でもあるんですか？

松尾 僕、監督に対して嫉妬したりすることはないんですけど、山下にだけは、その感情を持ったことがあるんです。出会ってすぐの若い頃に「この人はすごい！」って。

鈴木 何がすごいですか？

松尾 人を巻き込む力と洞察力。あとは頭がいいんです。弁が立つというか。山下の作るレイプものはかなり過激で、よくフェミニズムの団体から「あなたのレイプビデオはひどい」とクレームが届いていたんです。

鈴木 かなり女優さんを追い込んで撮られているとは聞いています。

松尾 後で女優が団体に訴えたのか、団体が女優に接触して聞き出したのかわかりませんが、「被害者の女性の裏も取ってるんです」とかって詰められてて。でも、山下は動じずに「ちゃんとした場を設けて話し合いましょう」って。話し合いの会場では、もう相手は「この鬼畜監督を懲らしめてやるぞー！」って感じで大勢の人を連れてやってくるんですよ。でも、こちらは山下一人だけ。

鈴木 ものすごい勇気ですよね（笑）。松尾監督は現場には行ったんですか？

松尾 僕は付き添いで、ただカメラを回すだけが役目でした。そこでも山下はどんなことを言われても、「それは演出です」と淡々と答えるだけで。「どういう演出ですか？」って聞かれても、「女性にはしっかりと説明をしています。あなた方は現場にいなかった。僕はちゃんと説明をした。それを映像のイメージだけで語られている」と堂々と対応しているんです。で、最終的に向こうがどんどん興奮してきちゃって、「詭弁を言うな！」みたいなことを言うんですけど、山下は努めて冷静にしゃべり続けるんですよ。「僕の知ってることなら、いくらでも話しますよ。包み隠しませんよ」っていうスタイルでやるんで。監督としてもすごいですが、人間としても大きい人なんですよ。

◉鈴木おさむの忘れられない一本

鈴木 僕、どうしても監督と話をしたい作品があって。僕が一番好きな作品で及川奈央さんの**『ブラックデート』**[※7]というのがあるんです。及川さんの人気絶頂期に出ていて、後にタレントになった時に、僕のラジオに来てくれたことがあって。曲の合間に「1個だけ聞きたい作品があるんです」と言ったら、「あぁ、もう何の作品かわかりました」って言ったことがあったんですよ。それぐらい彼女の中でも記憶に残っていたらしい作品で。

松尾 僕は観たことはありませんが、どんな作品なんですか？

鈴木 及川さんとその作品の監督が1泊2日でデートをするんですね。そこで及川さんのNG行為をどんどんしていくんです。外でハメ撮りをしたり、聞いてない衣装を着させられたり、露出させられたり、生理になったのに無理矢理ヤッたりと。かなり追い込むんですよ。

松尾 その監督、知ってますよ。わかった。

鈴木 知ってる方ですか？　その監督に及川さんがブチ切れて、途中で「監督代えて！」ってなって、それまでADだった若い男性が監督になって。彼としては現場を成立させ

※7 『ブラックデート』

02年に発売された及川奈央の伝説的作品。二日間のシャワー禁止やNGにしていた露出など、及川の嫌がることを次々に要求し彼女がマジギレ。そして監督交代後、エロスが爆発する。及川が一皮むけた作品と評価が高い

ないといけないから、及川さんのことをおだてまくるんですよ。

松尾 そこから急に（笑）。

鈴木 とにかく残ってるプログラムをおだてまくって消化するみたいな。僕はその作品が究極にエロいなと思ったのは、終わった後に2人でホテルで打ち上げをするんです。そこで及川さんがチューハイをしこたま飲むんですよ。もうベロンベロンになってて。そこでAD改め新監督がビデオカメラを1つだけおいて、それでフェラチオを始めるんですけど、及川さんが猛烈にエロくフェラするんですよ。おそらくすごい心労から解き放たれた安堵感やら何やらで、素の及川奈央が出たんでしょうね。

松尾 なんとなく状況がわかりますね（笑）。

鈴木 それでAD改め新監督に心を許してセックスをするんですけど、酔っ払った勢いなのかアナルセックスまでしちゃうんです。そのシーンがメチャクチャエロいんですよ。で、監督に聞きたいんですけど、これはどこまで演出だと思いますか？

松尾 その監督は業界の中でも変わった人なんですけど、おそらく演出ではないですね。ADの後半の頑張りが奇跡を生んだだけだと思います（笑）。

鈴木 やっぱりそうですか。あの及川さんの怒り顔はすごかったですから。本人も覚えてるって言ってたぐらいなんで。

松尾　及川さんってものすごくイイ人ですよ。普通あそこまで有名になると、天狗になっちゃうじゃないですか。打ち合わせすらしないという人もいるのに、彼女は菩薩みたいな女優で、ＡＤにも分け隔てなく接してくれる。これはお世辞でも何でもなくて、そんな人はいませんよ。そんな及川さんを怒らせたんだから相当ひどいことをしたんでしょうね。でも、それが後半の爆発力を生んだと。

鈴木　そうなんです。僕、基本的に単体女優は興味がないんですけど、ＡＶ女優が本気で酔った時のエロさというのを知りましたね。

松尾　全体を通して、及川さんの怒りも最後のエロいセックスも、彼女の素が出た作品だったということなんでしょうね。

◉偶然撮れた元恋人・林由美香の遺体

鈴木　さっきもちょっと出ましたけど、林由美香さんの『監督失格』を観させていただいて。かつての恋人の死があのような形で世に出るというのは、どうでしたか？

松尾　僕よりも心配だったのは監督の平野勝之さんのことです。監督は彼女とプライベートで関係があったわけですから。実は由美香の遺体を発見したあの夜、僕も現場にいました。あの映像に関しては本当に偶然撮れてしまったんですけど、そこに意味があったと思うんです。平野さんが常にカメラを回す人だったのもそうですが、僕はあの映像は由美香が撮らせたんだと思いました。自分の死後に盟友との撮影の約束が入ってて、カメラを持つ彼の前で発見された。平野さんには酷だけど、「呼ばれた」と。それで「あいつらは死体を撮りやがった」ってバッシングされることになるんですけど、僕らは由美香の死を作品にしようなんて1ミリも考えていなかった。でも、彼女のお母さんが「作っていいよ」と。「本当に辛いのは由美香が忘れられることだ」と。「そういう意味も込めて作ってくれるんだったら、いいよ」って言ってくれて。

鈴木 完成した作品を最初に観た時、どういう感情が湧きました?

松尾 僕はストレートに泣きました。試写会で大きな声でワンワンと。周りが引くくらい。僕は平野さんが苦しんでいる状況を一番知ってたので。でも作品の出来に関しては評価はしづらかったですね。特に終わり方とか。欲を言えば、もうちょっと最後はブリっといかんかい! と。ビチグソで終わってるんじゃねーぞと。

◉カンパニー松尾だから撮れるもの

鈴木　あの作品で平野さんは自分の人生を世間にさらしたわけじゃないですか。彼の人生が一つの作品として残っちゃったわけで。僕、もっとも間近にいた親友の松尾監督が、あの作品を観てどう感じたのかが、メチャクチャ気になってたんです。

松尾　それはなぜですか？

鈴木　僕の奥さんの話なんですけど、妊活休業に入る直前、彼女が命を懸けて出ていた番組『世界の果てまでイッテQ！』で、尊敬する出川哲朗さんから「上島竜兵さんとリアクション芸を継ぐのは誰かって話をしてて、二人とも次はお前だって思ってた」って言われて、泣いて喜んだんですよ。実は僕、今回の休業で彼女はもう芸能界から引退すると思ってたんです。たぶん彼女もそのつもりでした。でも、この出川さんの話から1週間後に、お願いがあるって切り出されたんです。「いつか子供を産む時がきたら、リアクション芸人がよく被ってるカメラ付きヘルメットを被りたい」って言い出したんです。真顔でですよ。「バンジージャンプとかの時に着けるやつ」、「フルフェイスじゃなくて半分のやつが最近あるから」と指示がやたら具体的なんですよ。

松尾 本人の顔も映るタイプのやつですね。

鈴木 そうです！「私のお腹に赤ちゃんが来てくれたら、帝王切開じゃなかったら、ヘルメット着けて産みたい！」って。「いや、俺がカメラで撮るから大丈夫だよ」って言っても「違うんだ！」って。こっちのカメラに意味があると。なんで？ってしつこく聞いたら、「これだけは出川さんも上島さんにもできないから」って言ったんです。

松尾 おぉ！　すごい！

鈴木 この時、子宮の手術をした後だったんです。芸人よりも女性としての性が勝ったんだと思った最中に、その話をしてきたんで。僕もこうなったら彼女と一緒に人生を全部さらすしかないと思ってるんですね。前置きが長くなりましたが、平野さんもそうでしたけど、こういう人生をさらす生き方ってどう思いますか？

松尾 僕はそういう人たちは好きです。でも僕個人としては、さらけ出せないところもありますね。僕はいつも冷静なところがあって、喜怒哀楽も激しくない。だから、自分の人生を見せる、なんて思えないんです。

鈴木　なるほど。一歩引いたところからの目線なんですね。でも僕、松尾監督だからこそ撮れるものって、今後すごいあるんじゃないかなと思っていて。AV女優さんってたくさん出てきて、中には悲しい人生を歩んでいる人もいるじゃないですか。昔の女優さんを追うような、その作品はドキュメンタリーとはいえ、最終的にはAVであってほしいんですけど、松尾監督だからこそ撮れるものなんじゃないかって。

松尾　はい。それは考えたことがあります。

鈴木　ある女優さんの人生を「もうこれはAVじゃないだろう」って思いたくなるくらいのを、「なんでAVって冠につけてるんだよ」っていうくらいのものでも、ちゃんとハメ撮りシーンもあって、人によっては抜けるかもしれない、そんなAVを観てみたいです。

松尾　確かにそういうのを作りたいとは思っています。彼女たちの生きざまとして残してあげたいというか。確かに女優さんって、何十年か経って、今どうなってるんだろうっていうのがすごく気になりますよね。

◉人に誇れない仕事だから続けてる

鈴木 もうそろそろ最後なんですけど、監督が自身の作品の中でベストだと思うもの、もしくは棺桶に入れてほしい作品を教えてください。

松尾 僕、自分の作品を棺桶に入れてほしくないです。

鈴木 えぇ！　じゃ、聞き方を変えます。もし将来「カンパニー松尾記念館」が実家の近くにできたとして、そのメインに置いてほしい作品は何ですか？

松尾 それも特に……自分の作品って恥ずかしいんですよね。AV監督として、こうやって鈴木さんとお話させてもらえるのは嬉しいですけど、この仕事を誇りに思ったことは一度もないですから。

鈴木 えぇー！　一度も？

松尾 はい。逆に想像してみてください。AV監督ですよ。どこかで誇れない部分がありますって。

鈴木 AV男優さんとも話しましたけど、「この仕事が好きで仕方なくて、天職だ」って言ってる人もいましたよ。

松尾　そうは言うでしょう。好きで最高の仕事かもしれないけど、彼らも一人の男としてはシビアな局面もあると思うんですよ。

◉もし、子供が自分の職業に気づいていたら見せたいものがある

松尾　たとえば家族の問題。子どもに対してどう説明するかという部分とかね。僕も子どもが小学生の低学年ぐらいの頃は仕事を聞かれてもテキトーに「カメラマンだよ」なんて言ってたんです。でも、中高生とかになったら「どんなカメラマンなの?」、「何を撮ってるの?」って聞きたくなりますよね、普通。でも聞かれたら困るから、家では仕事のことは極力触れない。もう気づいていてもおかしくない年頃ですよ。もし気づいてくれてて、僕に気を使ってるだけなら逆に見せたいものもあるんです。AVじゃなくて。幼い頃の子どもをムービーで撮ってて、それをPV風にまとめてるんです。本当はそれを見せてあげたいんですよ。子どもの反応も見たいんです。「お父さんは映像の仕事をやってたんだよ」って言いたい。でも、まだ言えないんです。

鈴木　なるほど。これは対談した方全員に聞いてるんですけど、もしV&Rさんに入る前

にタイムスリップしたとして、もう一回、この業界に入りますか?

松尾 それは入ります。ＡＶ監督になります。

鈴木 おぉ! それはこの仕事が好きだからですか?

松尾 こんなイイ仕事はないと思ってます。誰かに誇れる仕事ではないですよ。どこかでやっぱり恥だと思ってる。でも、僕の性格からすると、それだから続けられている面もあるんです。皆に評価されたり、「松尾さんってすごい監督だね!」って社会的に評価されたいからやってるわけでもないし、そんなことは望んでない。「これは男同士の話なんだけど」って、一部でコッソリ交わされる会話の中に僕の名前が出てくるような感じがいい。サングラスを外せないような恥の部分も含めて、僕にとって最高の仕事だと思っています。

カンパニー松尾さんと話して感じたこと。

テレクラキャノンボールで、AVをまた違うステージに持って行ったカンパニー松尾さん。

テレクラキャノンボールを観て最初に思った感想は、ノリにノってるバラエティーのディレクターが作った作品みたいだなと思いました。テレビでは10年に一回くらいノリにノりまくるディレクターが出て来て、その人の作品でテレビが動いてる感があって、最終的な編集からそれが見える。テレクラキャノンボールもまさにそれだなと。テレビのディレクターはもちろん、たくさんの監督があの作品を観て嫉妬したはずです。

そんな松尾さんの作品。学生時代から何本観たかわかりません。とにかくエロい。松尾さんのAVに出てくる人って、決してキレイな人ばっかりじゃない。なのに、ブラジャーからポロっと出したおっぱいが、やたらエロく見える。

安っぽい言葉で言うと、心の裸が見えるんですよね。人が見せたくない部分。

松尾さん、対談の中で自分の仕事を「誇れる仕事ではない」と言い切りました。AVに携わる仕事の難しさというか、現実的な部分も語ってくれました。だけどね。誇れる仕事ではないと言ってるのに、その仕事に対して魂削って最高の作品を作ろうとしている。

それってどういうことなんだろう。

自分の仕事は誇れないけれど、大好きでやっている。

必殺仕事人みたいなことなんでしょうか？　誇れないけど、自分が思う正義のために全力で人を殺すみたいな。

うん、そうなんですよ。誇れる仕事ではないと自分で感じているから、松尾さんの作品には、リアルがあるのだろう。誇れるものではないと思うところに女性を出しているからこそ、そこにエロさがあるのだろう。ＡＶに出ることで多少なりとも人生が変わってしまうと思ってるからこそ、松尾さんのアプローチは少しずつ心も体も脱がしていくことが多い気がする。「誇れない」と言い切れる強さがあるからこそ、ひと際、ＡＶというものを客観的に見て、その弱点と、逆に強みをわかっている。

松尾さんがこの先に撮影する作品はどういったものなのか？

この先、いつか松尾さんの撮った作品で、チンコ出しながら号泣してそうな気がする。

みなさんは、自分の仕事が誇れる仕事ではないとしても、その仕事は本気で好きですか？

Chapter

5 VS 安達かおる

あだち
かおる

PROFILE

1952年生まれ。東京都出身のAV監督。外交官の父を持ち、幼少期をイランなどの海外で過ごす。大学卒業後、映像制作会社を経て1986年にV&Rプランニング設立。美少女系AV全盛の時代に、レイプ、スカトロなどの過激作品をリリースし続け、「鬼のドキュメンタリスト」の異名をとる。他に先駆けた海外進出など実業家としての視座も持つ。安達氏を師事するAV監督は多く、カンパニー松尾氏やバクシーシ山下氏など、優秀な監督も多数輩出している。

◉スーパー経営を捨て36歳でAV業界に

鈴木　僕、昔から変なAVを好きになる傾向があって。V&Rさんには結構お世話になっていました。あ、変なってのは失礼ですね（笑）。お蔵入りになった問題作とかタブーに挑戦する心理だとか、聞きたいことがいろいろあります。さっそくですが、今お年は？

安達　62歳です。昭和27年生まれ。

鈴木　お父様が外交官と聞いていますが、バイリンガルでおぼっちゃまというか？

安達　聞こえはいいですけど、日本に戻ればただの公務員ですからね。どこにでもある普通の家庭だったと思いますよ。

鈴木　なぜAV業界に？

安達　大学を出て、CMやテレビ番組を作る会社で10年間サラリーマンしてたんです。しかも制作兼営業という立場で。たとえば、海外の未公開作品をテレビ局へ売りに行ったり。ただ、好きで入った映像の世界だったけど、テレビ局のプロデューサーだとかにぞんざいに扱われて嫌になったんです。それで辞めて、次はスーパーマーケットの経営に乗り出したんです。

鈴木 ええ！　次はスーパーですか？

安達 その頃はAVなんて頭の中に一切なかったので。そんなある日、映像業界の知人と某AVメーカーに立ち寄ったんです。「書類を渡すだけ」だという知人に付き合った格好なのですが、そこの社長から「昔、映像の制作会社にいたそうだね。作品足りないから1本撮ってくれない」と頼まれて。いたずら心に撮ったのが最初です。SMモノでしたね。

鈴木 いきなりSMモノが撮れるということは、その時点で十分なエロさが備わっていたということでしょうか？

安達 エロさなんてないない（笑）。どう撮っていいかわからなかったから、スポーツ新聞のSMクラブの広告に片っ端から電話しまくって、協力してくれる人を探して撮っただけですから。

鈴木 それが1作目となり、続けていったと？

安達 たまたまですけど、その作品が売れたんですよ。2本目、3本目って頼まれていくうちに、やっぱり映像って面白い！　ってなって。で、スーパーは人にあげてしまって（笑）。

鈴木　スーパーは好調だったんですか？

安達　会社は学芸大学にあるワンルームマンションだったんですけどね。それなりに順調ではありました。ただ、会社は人にあげたんですが、どうしても屋号は自分のものにしたかったんですよ。V&Rっていう。

鈴木　スーパーの社名がV&Rだったんですか？　それは「ベジタブル&」みたいなことですか？

安達　今、僕が話したことと多少矛盾が生じるんですけど、「V」はヴィジュアルで「R」はリテイル（小売）という意味なんです。スーパーなのに、ヴィジュアルっていう言葉を入れているんだから、自分はもしかしたら映像を諦め切れてなかったのかもしれませんね。私にはそんな記憶はないんですけど。ただ社名を付けたのは私ですから。そこの矛盾を指摘されると、どうにもならない（笑）。

鈴木　映像に対して未練があったのか……ちなみに1作目の時は何歳ですか？

安達　36歳ですね。

鈴木　その年齢はなかなかの決断ですね。87年頃ですよね。やっぱり時代が後押しした面もあったんでしょうか？　世の中はバブルに入ってくるくらいじゃないですか。

安達　時代背景とか、儲かるとか儲からないとかじゃなく、「こんな面白い世界があったんだ」っていう感情を抱いたのがきっかけで、それでのめり込んでいったんです。

◉女優の心を脱がすテクニック

鈴木　どんなところが面白いと感じたんでしょうか？

安達　「人間を撮る」という感覚です。私がAV業界に入った当時、一番世の中でもてはやされていたのが『**宇宙企画**』[※1]というAVメーカーでした。

鈴木　メチャクチャ有名でしたものね。

安達　宇宙企画といえば、単体系の可愛い女のコがメイン。白いドレスを着た女優が草原を走って、クルクル回ってというね。どうもこれが自分の性に合わない。やっぱり人

※1 宇宙企画

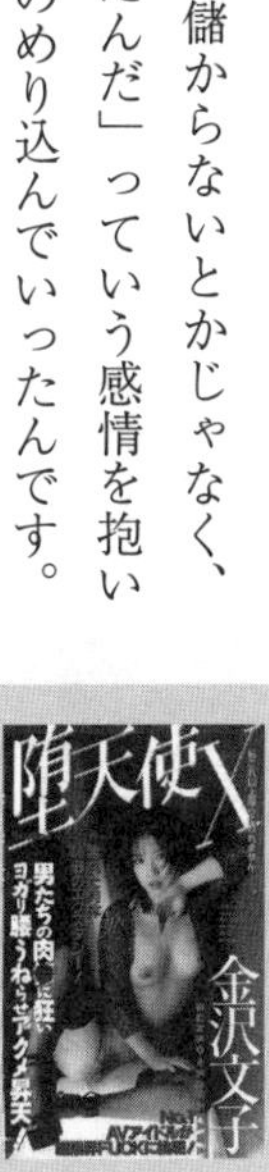

1980年から1990年代にかけて人気AVメーカーとして君臨。清楚な美少女が絡む「美少女本番路線」がヒットしたが、堕天使X、猥褻MAXなどのハードな絡みのあるシリーズも人気が高い。現在は販売元を他社に移行している

間は排泄もするし、キレイな面だけじゃない。ＳＭでも、痛さに耐えてエロい表情をするんだけど、「カット」って言った瞬間に、「ちょー痛かった」みたいな表情になるわけですよ。このカット後の瞬間こそが人間だし、そこを撮りたいと思ったんです。

鈴木　人間を撮るというのは、飾っていない「日常」を撮るということだと。

安達　そうです。つまり私は草原で走っている女のコの、排泄もするような「日常」を撮りたいんですね。カメラを構えてしまうと非日常になるけど、極力日常に近づけて撮る、この作業に没頭していったんです。そういう感覚にさせてくれたのが、私の初期の代表作というか、自分なりに「これだ！　これなんだ！」と思えた**『ジーザス栗と栗鼠スーパースター　後藤沙貴』**[※3]。

鈴木　僕、この作品で「栗鼠」ってこう書くんだって知りまし

※3
『ジーザス栗と栗鼠スーパースター　後藤沙貴』

ソフトな絡みしかしてこなかった単体女優が、放尿など過激プレーを要求されるうちにエロスに目覚めていく。87年にＶＨＳ作品として発売されたものだが、復刻版を求める声が多く現在動画配信もされている

た（笑）。

安達　これはＡＶの仕事を始めてわりとすぐに撮ったんですけど、それまでは、企画もの女優というか、こちらの言うことをちゃんと聞く気持ちの優しい女優ばかりでした。でも、後藤はバリバリの単体女優。もう面接の時から、「私は単体でございます」と、「できないものはできない」と最初からお高くとまっているような印象で。面接の段階で、「何だ、この嫌な女は！」って、口には出していないけど、心の中で思ったわけです。このコを合法的に潰してやりたいと。

鈴木　つ、潰す？

安達　はい。潰したいんです。それで、考えたのが『ジーザスはいっぱい顔射』なんです。

鈴木　『ジーザス〜』は女優さんにいっぱい顔射したり、フェラさせたり、ハードな絡みで有名ですけど。

安達　後藤にとってはかなりハードな絡みになりました。撮影の中で、「こんなことはできない」とか抵抗もされたし、ケンカもしたけれど、最後は心を開いてくれたんです。「実は私はＡＶっていうものはセックスだけすればいいものだと思っていたけれど、違うってことがわかった」って、彼女が言ったんです。彼女をグッと引き寄せられたと。「女優」ではなく「女」を撮れたと。それが私にとって最高に面白い瞬間でした。

◉AVでは会った瞬間に、10年かけて得られる人間関係が一瞬にして作られる

鈴木　僕もテレビの仕事をしていて、ドキュメンタリーとか舞台の演出もするんですけど、相手の心を裸にしたり、心をさらけ出させるのは、すごく難しい。作り物じゃない、演技じゃないリアルを引き出すのは。僕が単体をあまり観ないのはリアルさがないからなんですけど、唯一単体でも好きで観るものがあって。それが有名女優のデビューシリーズなんですよ。最初の1本目だけは、ちょっとしたリアルもある気がして。

安達　わかりますよ。リアルね。

鈴木　ただ、難しい作業だとも思います。女優へのアプローチとして心掛けていることってありますか？　まず最初にガツンと怒ったりとか。舞台の稽古でまず全員、男も女もスッポンポンにしちゃう演出家もいるようですけど。

安達　普通、初めて知り合った女性に、「どういう体位が好きですか？」なんて聞いたら、張り倒されますよ。でも、ＡＶではそれが普通。会った瞬間に、10年20年という長い年月を経て得られる人間関係が一瞬にして作られる。非常に稀有な世界です。後藤を撮ってから自分の中で意識して会得していったテクニックもあるんですけど、まずは面接の段階で「仕事」という言葉を使わないことかな。

鈴木　仕事だと意識させないようにするってことですか？

安達　彼女たちは仕事っていう切り口で会話をすると、用意した答えを出してきますから。多分マネージャーと相談して、あらかじめ考えてきているんでしょうね。でも、それを聞いても面白くないですから。

鈴木　では、あえて仕事の話はしないと？

安達　まずこちらは相手のことを知らなければいけない。知るための一発目の仕掛けとして、仕事の話は避ける。仕事ではなく日常会話ですよと印象づける。自分の趣味でもいいんですけど、1分くらいかけて話すんですよ。もう一方的にね。それで返ってきた質問が短ければ、そのコはお芝居ができないなと判断できますよね。逆にいろいろと質問するコは、お芝居がある程度はできそうだと。会話が成り立つ女のコってお芝居もできますから。AVは「表現」ですから、まずそこをスタート地点とします。だから、セックスが好きですか？　とか、フェラチオは上手ですか？　という直接的な質問はしません。日常会話の中で、女優の素質を見極めていくんです。

鈴木　女性がエロいかどうか、どうやって判断するんですか？　経験人数を聞いたり？

安達　そこだけは勘です。でも何年もAVの世界にいるとわかるようになります。

鈴木　確かにエロイ女ってわかりますよね。

安達　エロっていうのはやっぱりオーラですね。女優さんで言い換えると〝存在感〟ということになるんでしょうけどね。あれは一生懸命演じるとか、お芝居の台詞を覚えても出てくるもんじゃないです。

◉MAXでブチギレた現場

鈴木　安達監督はハメ撮りはしませんよね。女優さんと絡まずに演出する場合は、たとえばテレビドラマとか舞台だと、「この女優とやりたい」とか「この女優に好かれたい」って考えて入り込む演出家って結構いるんですけど、監督の場合はどうですか？

安達　セックスをしたいとは思いませんね。撮ると決めた女のコ、現場の最中の女優さんていうのは、一時的にしろ自分はものすごく愛を込めるんです。その愛はいわゆる世間でいう男と女ではなく、自分の娘みたいなイメージになるんですよ。無条件に愛おしい存在というか。表現すればそんなイメージですかね。

鈴木　でも、その娘にハードな絡みをさせるわけで。現場でブチギレられたことはありますか？

安達　あります、あります。それはもう死ぬほど。女優サイドが「聞いていない」ってのが多いですね。まぁ、現場で口説いていくので、そういうことはよくあります。ただね、中にはひどいケースもあって。その時は逆に私がブチギレます。

鈴木　監督が、ですか？　MAXでブチギレたお話をしてもらってもいいですか？

安達　「絡むのはいいんですけど、触られるって聞いてませんでした」って言った女優がいたんですよ。それはもうメチャクチャにキレました。

鈴木　それはキレますね（笑）。そのシーンって作品に入ってるんですか？

安達　入ってます。僕がキレてるのをカンパニー松尾が隠れて撮ってたんです。

鈴木　ハハハ！　それはどういうふうにキレたんですか？

安達　そもそも聞いてないって論理的におかしいじゃないですか。だって粘膜と粘膜が接触しないと本番はできないわけですし。矛盾してますよね。

◉AV女優のガッツは今も昔も変わらない

鈴木　カンパニーさんが言ってたんですけど、「安達さんがキレた時、どこまでが本気でどこまでが演出なのかわからない」と。本気で怒っているように見えて実は演出で、「この女をビビらせて、本気出させてやろう」とか。そういう演出はその瞬間に思いつくんですか？　それともある程度プランを立てていくんですか？

安達　プランは立てないですよ。その場、その瞬間の状況を見て変えていきます。怒るのと褒めるのとで現場を混乱させたりもします。女のコを翻弄するっていうか。そういう演出を瞬間的にすることはありますね。

鈴木　撮っている中でテンションが上がって、自分の中でスイッチが入って「今だ！」と思ってやってるんですか？

安達　入るのかもしれないですね。冷静な気持ちよりも瞬間的な感情というか。まぁ、本当に腹が立って、演出とか抜きでただ怒っているケースも多いですけどね（笑）。

鈴木　ただ、演出って女優を見てやらないといけませんよね。監督のように長年やられていると女優の変化に対応するのも大変だと思います。ルックス面では今のほうがレベルも高いでしょうけど、ハートの面でいうと、今と昔だと、どっちのほうがガッツはあると感じますか？

安達　ガッツは今も昔も変わらないですよ。変わったのはプロダクションのシステム。80年代後半だと、現場で女優を褒めたり怒ったりしながら、対話を通して、「あれに挑戦しよう」ってもっていけたのが、今はもう風俗のオプションみたいなものですから。「絡みは2回」ってあらかじめ話をしていたら、2回以上は絶対にできないわけですよ。「もう一回やろう」っていうとプラスでギャラが発生するので、事務所にいちいち許可をとらなきゃいけないっていうね。

鈴木　昔はそのへんは曖昧でいけたわけですか？　現場のノリというか。

安達　昔は「君いいね！」の一言で、追加でもう一回できてたんです。「これはできません」ってNG出されていても、現場でうまくやればNGを剥がせた。あるいは男優と女優が意気投合して、その場で挑戦してみるっていうこともありましたから。でも今はシステマチックになってしまったんです。ガッツは今の女優にもありますよ。

鈴木　エロさという面ではどうですか？　昔の女優さんにもエロい人がいっぱいいたと思うんですが、「こいつはエロかった」っていう女優さんは誰ですか？

安達　私は女優をそういう尺度で見ていないんです。非常に失礼な言い方ですけど、「勝った」、「負けた」という意識で見ていることの方が多いですから。

鈴木　さっき言ってた後藤さんみたいなのだと勝ったなっていう感じですか？　つまり、「心を裸にできた」、「女優ではなく女を出させた」という。

安達　そうですね。だから後藤に対しては「勝った」っていう意識ですね。**樹まり子**※4は負けたなっていうね。どんだけやっても勝てませんでした。完敗でした。

鈴木　今はないですか？　もう負けた人はいないですか？

安達　いえいえ。あります。単体女優でなくても、名前のない女優でも。勝った負けたっていう言葉が悪いんですよね。

※4 樹まり子

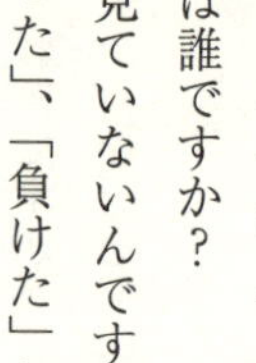

1989年に19歳でデビュー後、2年弱でAVと成人映画に50本も出演。超売れっ子AV女優として名を馳せた。活動休止から1992年に復帰した際の契約料は6本3000万円と破格だった。写真はジーザスシリーズ出演時のもの

言葉を換えれば、打ち解けられたっていう感覚と、どうやっても心を開いてくれなかったなっていう感覚って言った方がわかりやすいかもしれないです。それは何年経ってもあります。

◉AV女優になった理由をちゃんと語れる人は少ない

鈴木　監督は女優さんの心を見ているんだと思いますが、AV女優という生き方、彼女たちの人生ってどう捉えていますか？

安達　それは答えられないですね。やっぱり撮ってて、心の隅っこで、「どうして君はここで裸になってセックスをするんだ？」っていう疑問を持ってしまいます。常にその疑問を抱きつつ撮っていて、いまだにその答えが出てこない。

鈴木　女優に聞いたことはありますか？

安達　女優へのインタビューでそういう質問をしたことがあるかもしれないけど、彼女たち自身もわかっていないことが多いと思うんですよ。

鈴木　5、6年前にあるAVメーカーのプロデューサーの方に聞いたことがあるんです。その人が言うには「AV女優になる理由で多いのはお金です」と。親の借金もあれば自分のためっていうのもあるけど、基本はお金だと。僕自身も親の借金でメチャクチャ苦しんでたんで、共感できる部分があったんですね。そのことをテレビで話したことがあるんです。で、実は僕、この夏に**AV男優を題材とした舞台**[※5]をやったんですけど、そしたらあるAVメーカーの方がツイッターで〈鈴木おさむはAV業界に対して唾吐くような発言しておいて、AVMとかいう舞台やってんのか。とんだウンコ野郎だな〉って書かれたんですよ。

安達　かなり辛辣な。

鈴木　親の借金が理由でAVを始める人がたくさんいるという発言は間違いで、軽はずみにネガティブなイメージをつけたことを怒っていたと思うんです。それが本当に申し訳なかったと思って。で、その舞台の打ち上げで、AVを辞めた女のコたちが2人来てたんですよ。彼女たちに

※5　AV男優を題材とした舞台

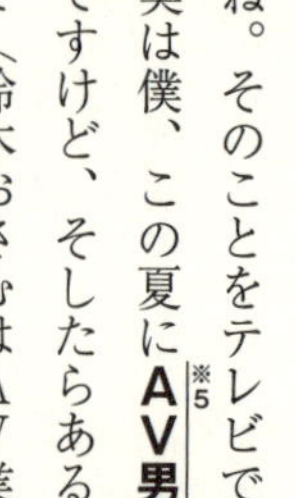

鈴木おさむ氏が作・演出し、2014年8月に上演された舞台。AV業界で働く人達の悩みや葛藤などが描かれ、今田耕司氏が引退間近のAV男優を、チュートリアル徳井義実氏が人気イケメンAV男優、そしてマニア向け熟女AV女優をオアシズ大久保佳代子さんらが熱演。チケットはR18ながら即刻完売した

安達 女優を始めたきっかけは何なんですか？　って聞いたら、お金だとは言うんですよ。でも、それは本心か？って思う自分がいて。もしかしたら彼女たちは、自分自身でわかってないんじゃないかって。すごく不思議な話なんですけど。
AV業界は温かいんですよ。居心地がいいんです。たとえば、昨日まで社会でいろいろな軋轢があっても、AV業界に入って女優として現場にいけば、優遇されるしチヤホヤされる。自分を飾る必要もないし性癖だってなんだってオープンにできる。最初の導入の部分で、「お金を稼ぐため」っていう人も少なくないでしょうけど、もっとセックスをしてみたいっていう人もいるでしょう。ただ、結構、「なんとなく」や「偶然」という人もいるんです。皆、いろいろと理由を言うかもしれないけど、後付けも多いと思う。

鈴木 その打ち上げに来てた女のコの一人は、まあまあ有名な女優さんで最近引退したばかりだったんですね。何で引退したの？　って聞いたら、恋愛だって言ってました。彼氏に、AV女優だって隠すつもりもなかったけど、後で打ち明けたら「裏切られた」って言われて。そういうことってあるんだなって。

安達 私たちもそうですけど、就職していろんな会社に入りますが、それって意識もあるだろうけど、偶然もありますよね。たまたま求人誌を読んでてケーキ屋さんのバイトがあったからスイーツに興味を持って、その道に進んでいったとか。動機の部分でものすごい悲壮な決意をしたかといえば、そうじゃない女優もいると思います。入ると居心地が良くて、それで続けてしまい、始めた理由については、ちゃんと語れない部分もあるというか。

◉「作品にメッセージを込めて下さい」伝えたのはこの一つだけ

鈴木　僕、大学生になって初めて、一人暮らしをして、そこで初めてＡＶを借りるようになるんですけど、最初の入り口はナンパものですよね。それこそ島袋浩さんは僕のスターでした。ナンパものから始まり、それこそ変わった企画系とかいろんなものを学生時代に観たんですけど、Ｖ＆Ｒさんの作品は、どれも過激というか。安達監督だけじゃなくて、**バクシーシ山下監督**※6もそうでしたし。やはり安達さんの志向が強かったんですか？

安達　私の志向っていうのは多分ないと思います。松尾君にしても山下君にしても、その他にいる監督に対しても、「こういうものを撮らなければいけない」っていう躾をしたことはありません。伝えたのは一つだけ。「作品にメッセージを込めて下さい」と。そこだけは引き継いでもらいたい、と伝えていました。ハメ撮りであろうが、スカトロだろうが、ＳＭだろうが何だっていいんです。「君たちが作った作品で問題が起こったら、会社が全部責任をとるから、心おきなくやってください」ということしか言ってません。終始一貫して。

鈴木 カッコいい！　松尾さんや山下さんの作品があがってきて、社長としてチェックはしてたんですか？　事前に企画書とか見たり？

安達 いえ。何も見ないです。今でも見ない。ただ、見ないですけど、わかるんですよね。なんとなく。

鈴木 それはできあがったパッケージを見て？

安達 パッケージじゃないと思うな。昔のパッケージってデタラメだったんで。作品に出てない女のコがパッケージに

※6 バクシーシ山下監督

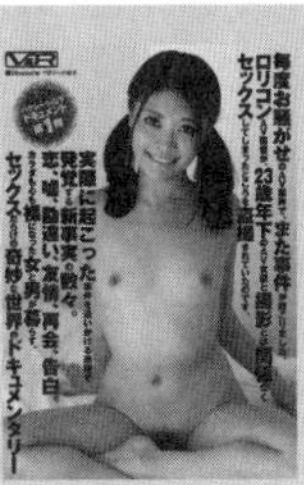

1967年生まれ。AV男優をしていたところカンパニー松尾氏の誘いで1990年にV&R入社。安達イズムを継承し、スカトロやレイプものなど数々の問題作を発表。現在はフリーで活躍中。写真は最新作。バクシーシとはヒンディー語で「ほどこしを」の意味

使われてたりしてたんで。2000年ぐらいまではよくありましたよ。

鈴木　えぇ！（笑）。とはいえ、問題が起きないようには対処していたわけですよね？

安達　それは徹底的にやりましたよ。何本ビデ倫（ビデオ倫理協会）に通らなくてお蔵入りになったか。

◉障害者と自衛隊員AVはお蔵入り

鈴木　どういうものが審査に通らなかったんですか？

安達　たとえば私でいえば、障害をもっていらっしゃる方を男優さんとしてキャスティングしたら、障害者を使うのは差別だと。まあそういう理由ですよ。冷静に考えるとよくわからない理由です。

鈴木　あぁ、その障害者の方のAVって聞いたことがあります。

安達　『ハンディキャップをぶっとばせ』っていう作品なんですけどね。障害者3人の童貞喪失っていう内容なんですよ。制作に1年半もかけたんですよ！　真面目に作品を作ったにもかかわらず、「見世物にするな」と言われて。

鈴木　なぜ、撮りたいと思ったんですか？

安達　会社で深夜まで編集してると、よく電話がかかってくるんです。半分はイタズラなんですけどね。その中で障害を持ってる人達が結構いたんですね。何回か話しているうちに人生相談になるわけですよ。「僕はセックスがしたいけど学校でセックスのことは考えちゃいけないって言われてる」と。面白いなあ、こんなことがあるんだなと思って、実際に会って、撮ることにしたんです。

鈴木　1年半もかけて撮ったものがお蔵入りするというのは辛いですね。山下さんも松尾さんも審査に通らないっていうのはあったんですか？

安達　松尾君は無かったなあ。山下君はメチャクチャあります（笑）。一番会社に被害を与えたのは彼ですね（笑）。

鈴木　たとえば、どんなものがあるんですか？

安達　『戦車とAVギャル』っていう、自衛隊に行って撮影した作品とか。

鈴木　それ何なんですか。自衛隊に行ってやっちゃうとか？

安達　自衛隊の年に一回のお祭があるんですよ、そこへ行って撮るんです。隊員へのインタビューだったりとちゃんと許可を取ってやってるんですよ。でも、そのインタビューの内容が山下君らしいというか。「戦争があったらどうしますか？」って聞いたら「××××××××××、そんなもん」とかね。そんなインタビューばっかり入ってて。とにかく自衛隊員を彼特有の斜め斬り質問攻めで、隊員の本音を上手く引き出してるんですよ。結局ビデ倫に審査を出したら、自衛隊に再確認することになって、そのへんから怪しくなってね。

鈴木 セックスはどのへんに入ってくるんですか？

安達 そのお祭りの中で、女優の電話番号が入ったボールを何個も投げるんです。それを受け取った自衛隊員さん何人かから電話がかかってきて。ラブホテルに呼び出してAVだと事情を説明して。ヤルのかヤラないのかは本人たちに任せると。けど、ほとんどヤッてましたね。

鈴木 ヤッてしまいましたか（笑）。それで揉めるじゃないですか。それって社長としては大変面倒くさいですよね。

安達 面倒くさいですよ。だけど、そこはきっちり責任取りましたね。撮った人に責任を負わせたことは一回もありません。

◉60歳になってもオナニーしますか？

安達 今日はいろいろと作品を持ってきました。まず、これ（複数のDVDを差し出す）。

鈴木 こ、これは！ **『大正生まれのめちゃイケてるAVギャル 清水いね』**※7。凄い名作ですよね。一時期話題になりましたもん。この女優さん、もうお亡くなりになられましたよね？

安達 どうでしょうね。これ姪っ子も出てるんですけど、最初はこの姪っ子にお金を貸したんだけれど、お金を返してくれないから、彼女をAVに出して、そのギャラを自分に払ってほしいって来たんです。

鈴木 えぇ！ いねさんが姪っ子をAVに売りに来たってことですか？

安達 そうなんですよ。ところがおばあちゃんと話してるとメ

※7 『大正生まれのめちゃイケてるAVギャル 清水いね』

1998年の発売当時、75歳で最高齢のAV女優として話題に。25年ぶりのセックスで歯止めが取れたのか、その後、安達監督の作品に何本か出演したという。得意技は入れ歯を外した〝歯茎フェラ〟

チャクチャ面白くて。「おばあちゃん、二人で出たらギャラ倍になるよ」って。また、頭がいいんですよ、某有名大学出てて。このいねさんが。

鈴木 なかなかのおばあちゃんですね（笑）。

安達 いねさんはもう3、4回撮ってますよ。

鈴木 では、この『おかあさんのお尻の穴の臭いを嗅いで…』はどういう？

安達 スカトロものでこういった本格的なドラマって今無いんですよね。やっぱりスカってドラマになっちゃうと嘘なんじゃないかって思われるんですよ。

鈴木 やっぱり。なんでここに挑むんですか？　このドラマの部分てすごく難しくないですか。

安達 ドラマなんですけど、結局はドキュメンタリーなんですよ。ちゃんとカット割りとかもしてるんですけど、たとえば女優が「お腹痛いかも」っていうとそっちを最優先にして撮るっていう。

鈴木 こういうドラマ仕立てにする時っていうのは、脚本は書かれるんですか？

安達 書きますよ。

鈴木 でもなかなかその通りに台詞が言えなかったりするじゃないですか。

安達　確かに苦労はするんですよ。1カットのところを5カットくらい刻んでみたりと。いろいろと苦労はあるけど、最近はみんな頑張って覚えてくれてますよ。

鈴木　最近の若いコって器用じゃないですか。オーディション来ても上手いし。

安達　そう、覚えてくれるんですよ、これが意外と。

鈴木　あとカメラに緊張しないですよね、みんな。僕らの頃なんてカメラ向けられたら緊張しましたけど、今はみんなカメラが身近にあって育ってるから。

安達　だってもう今は中学生、高校生の頃からみんな写メで裸とか送り合っているわけですからね。「私今オナニーしてます」って動画を送るんですから。

鈴木　今ってもう子どもでもネットで無修正動画が観れちゃうじゃないですか。僕、小5の時に思い出がありまして。友達の実家が民宿やってたんですよ。その民宿、実は裏ビデオを流してるってことが判明して（笑）。彼の親がいない時に乗り込んで、マスター室に入って裏ビデオを観たんです。それが生まれて初めて観たAVだったんですけど、男のチンコから白いのが出て何だこれは！　って驚いて。そういう衝撃を受けたわけですけども、それ以来、当然観れないいんですよ。裏ビデオは高校生になっても観れない。AVを観れるようになったけどモザイクかかってていう。あの沸々としたものがいいような気がするんですけど。今のコたちは簡単に〝裏〟が観れちゃうから、逆にどうなのかなって。

安達　やっぱり飽きるんじゃないですか。

鈴木　そうなんですよね。飽きるからみんなセックスしたくなくなっちゃうんじゃないかと思うんですよね。

安達　やっぱり妄想が大事なんですよ。妄想できる部分を残しておかないと。

鈴木　ある芸人さんがいて、彼はなかなかの変態で、週に一回AVを観てオナニーすることを生きがいにしてるんですね。で、この前、何をオカズにしてるかっていう話をして。僕が今42歳で、彼も40歳近いんですけど、20代前半のセックスとか、その頃に観たAVのこのシーンを思い出して抜いてるっていう話になって。これは70代になっても同じことしてるなって（笑）。やっぱりあの頃の記憶って強力ですから。

安達　こんなこと聞いていいのかわかりませんが、監督は今オナニーしますか？

鈴木　いい質問ですよ、それ。今はもうしませんね。だんだん精力が弱まってきて、作る作風は変わってきますしね。

鈴木　精力が弱まってくるっていう表現が僕の中ではしっくりこないんです。精力が弱ま

安達 るっていうのは、つまりムラムラすることが少なくなるってことですか？

鈴木 妄想力が減るんですよ。

安達 僕にとってオナニーは歯磨きと一緒なんですけど。こういう気持ちがだんだん無くなるっていうことですか？

鈴木 妄想力が退化していくんです。それでオナニーもしなくなるのかな。

安達 60歳になって作風が変わってきたというのは、やっぱり精力とともに変わってきているっていうことですよね。

鈴木 女性を撮る、いわゆる女性器を撮るっていうことにはまったく興味を失っています。絡みのシーンに現場にいませんから。カメラマンに任しちゃって。

安達 えぇ！ 絡み撮らないんですか？

鈴木 はい。モニターですら見たくないもん。だいたいパターンは同じですから。それなりの男優さんを起用しとけば問題ないですしね。

安達 ハハハ！ 面白いですね。作風がそこまで変わってくるんですね。これまた70歳になったらさらに変わるかもしれないですね。いやぁ、でも妄想力が落ちるとは……。

◉人が目を背けるものに潜むエロス

安達　この『服従学園第一章』はかなり古い作品ですよ。

鈴木　性的暴力の数々……ああ結構イッてるやつですね。暴力的なものを撮る時って、現場の空気ってどういうふうにやってるんですか。「ハイ、カット！」の一言で、淡々と進められるわけではないですよね？

安達　それなりに張り詰めますけど、そもそも殴りたい、殴られたい人をキャスティングしてるんで。そんなのいっぱい、いますから。男も女も。さっきのスカトロがドキュメンタリーですよって言ったのと同じで、ドラマの体裁で撮ってますけど、それぞれがヤりたいことをヤってるわけで。結局はドキュメンタリーと同じなんですよ。

鈴木　演技のように見えて演技でないというか。

安達　これの一発目の作品が審査通らなかったんですよ。苦肉の策として台本を作ってドラマの体裁にしたんです。テレビでは刑事ドラマで犯人がよく人を殺していますよね？　あれは本当に殺してないのは御存知ですよねって。嘘の世界だからって言ったら通ったんですよ。それ以降、バイオレンスを審査に通すためのテクニックの一

鈴木　つが、ドラマの体裁をとることなんです。フィクションにしちゃうわけですね。うわっ！　この『逝糞2』[※8]も有名なシリーズですよね。死体がウンコするんですか？　こうしたスカトロも含めて監督の趣味も含まれていますか？

安達　趣味ではないですよ。スカトロにしても何にしても、人が目を背けるものって興味があるんですよ。ただそこですよ。ひたすら。企画を考える時に、みんなが見たくないものって何か？　という発想をするといろんなものが出てくる。

鈴木　人が見たくないけど見たいもの……その間にエロスがあるのでしょうか。エロさというか興奮というか。

安達　お化けにしたって人は手で目を覆うけど、実は指の隙間から見るでしょ？　目を背けるんだけど、それってある意味、条件反射というかパブロフの犬みたいなもので。

※8 『逝糞2』

スカトロものにドラマ性をもたせた意欲作。しかも死人が排泄するという前代未聞の内容ながら、スカトロファンから支持され、2012年のパート2発売から現在まで4作品がリリースされている

どうしてそれが目を背けられるものなのかということを、とことんほぐしていくと必ず何かそこに出てくるんです。実は魅力的なものなのかもしれないし。そこが自分にとって面白いところなんです。

鈴木 この『逝糞2』のパッケージを見て、僕はエロいなって思います。僕なんて、普通に最初はナンパものとか観てるだけだったんです。でも、V&Rさんの作品を観ていると、女の人が泣きながらヨダレを垂らしてる顔に今まで何も感じなかったのに、ある日キュンときたり。「あれ、エロいなっ」て思う瞬間があったんですね。今まで開かなかった脳のある部分が開くっていうか。

安達 みんなに喜んでもらえるものを作るよりも、みんなに顔を背けられるものを作るほうが快感かな。

鈴木 僕、サブカルっていう言葉が好きじゃないんですね。ここ何年かサブカルがもてはやされてて、V&Rさんも結構サブカル扱いされますよね。でも僕は、「サブカルとか言うんじゃねえよ」って思うんですよ。覚悟を持って作ってる人に対して、サブって言うんじゃねえよと。人が目を背けたくなるものに向かうって、かなりの勇気がいると思うんです。

安達 『美術手帖』[※9]っていう雑誌に、私の特集を組んでもらったことがあって。その時、私のことを「ポップカルチャー」っていう風な言い回しをされてましたね。意味がよくわかりませんでしたけど（笑）。

鈴木 でもそっちのほうがサブカルチャーよりしっくりきます。

◉子供は全部知ってた

鈴木 もし自分の人生をもう一回やり直せるとして、ＡＶ監督をやりますか？

安達 ＡＶ監督をやる可能性はあります。だけど、自分の会社を持って従業員も雇ってやるかと聞かれると……難しいかな。会社を経営する脳と物を作る脳って違うじゃないですか。経営者っていうのはお金を使うなと言うけど、監督はお金を使うほうですから。これが一緒になっちゃうとわけがわかんなくなるんです。よくお年寄りが車の

※9 『美術手帖』

１９４８年創刊の月刊美術雑誌。国内外問わずその時代の現代アートを取り上げる唯一の専門誌。安達監督は14年４月発売の同誌において、グラフィックデザイナーで芸術に造形の深い宇川直宏氏に「現代日本のポップ・アーティストである」と評されていた

鈴木　運転で、ブレーキとアクセルを間違えてしまうのと同じですよ。どっちかに徹したほうがいいと思う。

安達　AVメーカーとかAV制作会社を作るのはやっぱり大変ですか？

鈴木　結構いろいろと事件が起きますからね（笑）。

安達　ところで、ご結婚はされてるんですか。

鈴木　してます。子供も3人います。

安達　お子さんは監督の仕事のことを知ってるんですか？

鈴木　一番上の子供が18歳になった時に、実は「俺の本当の職業はな……」って初めてカミングアウトしたんですね。意を決して。そしたらすごい笑われて。「そんなの小5の頃から知ってるよ」って（笑）。中学校で私の作品がクラスで話題になって「俺すげー困ったんだからな」とか言われて。

安達　お子さんに知ってることを隠されていたわけですね。一番上のお子さんはおいくつですか。

鈴木　30歳ぐらいかな。

安達　離婚歴は？

安達 ないです。孫もいます。

鈴木 ええ！　カッコいいおじいちゃんですね。

安達 おじいちゃん、60歳過ぎて、真剣にウンコ撮ってるんですよ（笑）。

鈴木 それがすごくカッコいいです（笑）。

安達かおるさんと話して感じたこと。

安達さんと会う前は、正直、かなり緊張しました。

松尾さんから何度も名前出ていたし、AV界ではレジェンドだし、「対談中に1度も目を見てくれなかったらどうしよう」

と思っていたのですが、最初に会った瞬間、その心配は消えました。

非常に丁寧で、腰も低く、人当たりも良い。さすが、社長です。社長でいながらいろんな波を乗り切ってきたからこそのファーストインプレッションなのでしょう。

安心して対談を始め、聞いたことには優しく答えてくれるのですが、話してる途中から、気付き始めました。

なんだろう、最後の一歩を近づかせない感じと言うか。

そして時折見せるオーラの塊。拳を握る感じと言うか。

その瞬間、たまらなく怖いと言うか。本人は無意識だと思うんですけどね、それが時折見える。ビビる。

安達さんは「人が目を背けるようなものに自分は目を向けていきたい」と言っていまし

た。ＡＶ自体は、人が目を背けたくなるようなものではなく、むしろ逆。チンコを出して凝視したいもの。だけど、人が目を背けたくなるようなものを撮る。一瞬、人が目を背けたくなるようなものに、エロさや真実が宿っていて、そこを知ってしまうと、もっと知りたくなる。

今の日本ではニュースを聞いていても、何が真実で嘘なのか分からない。真実が報道されなくなっていることは、国民がうすうす気付いてしまった。だけど、それに気付いてるくせして、その真実を本気で知ろうとしない人も多い。知ると怖いから。諦めてしまいそうだから。

安達さんが持ってきてくれた「逝糞（いきぐそ）」というＡＶのジャケットには、死んだ設定の女優のお尻からウンコが漏れていました。最初見た時、「うわ」と思う自分もいたけど、しばらく見ていると、それはエロくもあり、愛おしさも感じる。

安達さんは自分の作品だけではなく、バクシーシ山下さん、カンパニー松尾さん、他、自分の下で監督と名乗った人達の表現を守り、ＡＶという表現の一番の敵である、国、というものの手ごわさ、でかさを痛感していて、なんかね、戦争から帰って来た人［会ったことないけど］と話してる感じだったんですよね。

対談中、僕が安達さんに聞いた「監督は今でもオナニーをしますか？」の質問をした後に、「いい質問ですね」と言われた時は、なぜだか嬉しかった。この事を聞くのは正直怖かった。なんか時折見せる安達監督のその怖さに、聞きにくかった。

だけどね、やはり、聞きにくいこと、答えにくいことの先にその人の本質があるんだなと。人が避けたくなる所に、本質が見えるんだなと。

これからも人に会ったら、聞きにくいことはあえて聞いて行こう。そして、人が避ける道は通っていこう。小さな真実が見えるから。

みなさんの周りには、自分のために戦ってくれた上司がいますか？

みなさんは、自分の部下のために本気で戦えますか？

そして、みなさんは自分が本当にやりたいことのために誰かと戦えますか？

あとがき

ここまで読んでいただいたみなさん、いかがでしたでしょうか？

これ読んだらAVでヌケなくなった！　なんてことはまったくないでしょう。

むしろ、AVというものに、より愛を感じたはずです。

何より、その生きざまから出てくる言葉の数々。僕的にはどんなビジネス書よりも為になる言葉がたくさんあったのではないかと、勝手に感じているんですが。


毎回1人ずつの対談をさせていただく度に、僕は自分の仕事を見直すきっかけになりました。


で。最後に聞きます。

みなさんは、今の自分の仕事が好きですか？

なぜ今の仕事をしていますか？

仕事をしていて、この仕事最高だな！　と一度でも感じたことはありますか？

生まれ変わっても、もう一度今の仕事をしますか？

仕事している今のあなたはカッコいいですか？

あなたは今の仕事に全力で向き合っていますか？


全力で向き合う姿はカッコいい。

たとえ、それが1週間便秘でなかなか出ないウンコを、便所で全力でひねり出そうとしている姿だとしても、人が全力の時は美しくカッコよく、そしてどこかくだらない。

なるべく、全力で生きよう。

なるべく全力でシコろう。それは無理か……。

放送作家　鈴木おさむ

鈴木おさむ（すずき　おさむ）
1972年、千葉県生まれ。放送作家。バラエティを中心にたくさんの番組の構成を手掛ける。2014年8月にはAVを題材にした舞台「AVM」を作・演出し、各方面から高い評価を受けた。

表紙・カバー・帯デザイン／panixs
構成／角田洋平
取材協力／松村優子、関淳一、足立百合
会場協力／ちゃんこ屋鈴木ちゃん
編集／浜田盛太郎

扶桑社新書　177

AV男優の流儀

2015年1月1日 初版第一刷発行

著　　者………鈴木おさむ
発 行 者………久保田榮一
発 行 所………株式会社　扶桑社
〒105-8070 東京都港区海岸1-15-1
電話　03-5403-8875（編集）
03-5403-8859（販売）
http://www.fusosha.co.jp/

ＤＴＰ制作………株式会社 Office SASAI
印刷・製本………株式会社 廣済堂

 ISBN978-4-594-07189-9